前言

PREFACE

　　人类的历史就是一部战争史。有关战争的文章和书籍，相信大家一定读过不少。这些书读多了，连笔者有时也会产生一种错觉：指挥战争也没那么高深嘛。您看，只要准备好武器粮草，准时到达战略要地，士兵们按照计划前进后退，保准将敌人全数歼灭。如果笔者是德雷克，是东乡平八郎，是拿破仑，是纳尔逊，是老毛奇，是朱可夫……没准笔者比他们做得更好。读完这些书后，往往感觉非常良好，自己简直就是不世出的军事奇才啊！

　　但如果笔者真有这样的天赋，现在恐怕早就坐在联合作战司令部了，而不会还在"啪嗒啪嗒"地敲键盘。问题出在哪里？因为我们总是以旁观者的视角，以上帝的高度来回看历史。当年的战场亲历者不可能掌握我们所知道的全面情报，也不可能剥丝抽茧理出所有关键信息。所谓正确与错误、聪明与愚蠢、勇敢与冒进、谨慎与怯懦，都是在知晓既成事实的情况下定义的。在那历史关头，在那决定历史的瞬间，能够做出恰当的决策，能够克服自身的恐惧和迷茫，能够举重若轻，视千万人性命如鸿毛，这样的心理素质和思维能力，笔者可没有。正在看书的您——估计也没有。

　　想通这一层后，历史爱好者也许就会主动从"上帝视角"降格到"第一人称"来重新推演这些波澜壮阔的战争。假设读者是主帅，或是中层指挥员，或者基层小卒，您会怎样思考，怎样行动？在战争迷局和重重困境中，您所扮演的历史人物将如何绝地反击，在历史舞台上展现自己的风采呢？

　　在这系列《战场决胜者：史上最不可思议的战役复盘》中，我们将化身为历史人物，来亲历一系列史上重要战争的全局。以他们的经历来经历战争，以他们的感受来感受战争，以他们的思索来思索战争。笔者相信，历史的迷人之处在于"故事"，而非"过程"；在于"人性"，而非"数据"。"过程"是枯燥乏味的流水记录，"故事"是有血有肉的跌宕起伏；"数据"是冷冰冰的纯粹理性，"人性"是患得患失、纠结无奈和放手一搏。希望这系列作品能重现一个个基于史实的鲜活故事，还原一个个有真性情的大凡之人。

我要感谢妻子和父母在我进行这系列有关战争历史书籍的创作过程中对我的理解和支持，希望家人永远远离战争。同时，一旦祖国召唤，笔者也会同热血的读者一样，毅然拿起武器，为国家和人民而战。

◎关于《无敌舰队的覆灭》

丘吉尔曾说：大英帝国的历史自恺撒登陆不列颠起始。

好吧，政治人物的话向来是七分如蜜甜，两分吓唬人，一分是实情。丘吉尔的意思是，自从恺撒之后，英国开始罗马化，也就是从野蛮人转变为文明人。但是我们现在所熟知的大英帝国其实和罗马帝国的不列颠行省八竿子打不着。在正文中，笔者严格使用了"英格兰"这个词，因为那个时候还没"英国"这个政治概念呢！

翻开历史地图看看，英格兰（英国）的地理位置很特别。它与大陆被一道不宽不窄的海峡所分开。这导致了两个后果：

第一，英格兰（英国）是个倒霉的国家。它远离欧亚大陆的文明中心，历来被大陆上的强盛国家看作僻远蛮荒之地。小小的不列颠群岛上面，民族成分复杂，民风还特别彪悍，就连恺撒这样的一代雄主也只能勉强征服靠近海峡一面的土地。因此英格兰（英国）无论是政治经济，还是宗教文化，都同欧洲大陆主流不太搭调。海峡的宽度足以割裂英格兰（英国）同大陆的紧密联系，但是海峡的宽度又不足以阻止各种各样的外族（蛮族）入侵，北欧海盗、诺曼底人便先后而至。

第二，英格兰（英国）是个幸运的国家。当历史进入大航海时代后，英格兰（英国）的地理位置成了一张进可攻、退可守的超级王牌。只要英格兰（英国）拥有英吉利海峡的制海权，任何人都无法入侵。因为无论对手的陆军多么强大（16世纪的西班牙陆军、18世纪的法国陆军、20世纪的德国陆军），也总得想法子把军队送到对岸上去。在登陆之前，窝在船舱里的陆军就跟耗子一样，战斗力为零。因此在没有制海权的前提下，陆军贸然渡海往往只能在英格兰（英国）的舰炮下灰飞烟灭。因此，英格兰得以仅保留最低限度的常备陆军，而将大量资源投资到海军建设中去，这进一步确立了其海权优势，形成良性循环。反观英格兰（英国）在不同时期的死敌，还愣是拿这道海峡没辙。后来希特勒

张炜晨 ◎ 著

史上最不可思议的
战役复盘

战场决胜者

11
特辑

台海出版社

图书在版编目（CIP）数据

战场决胜者. 史上最不可思议的战役复盘. 001 / 张
炜晨著. —— 北京：台海出版社, 2016.5
ISBN 978-7-5168-1054-5

Ⅰ.①战… Ⅱ.①张… Ⅲ.①战争史－世界－通俗读
物 Ⅳ.①E19-49

中国版本图书馆CIP数据核字(2016)第121446号

战场决胜者．史上最不可思议的战役复盘．001

著　　者：张炜晨

责任编辑：刘　峰　　　　　　　　　策划制作：指文文化
装帧设计：周　杰　　　　　　　　　责任印制：蔡　旭

出版发行：台海出版社
地　　址：北京市朝阳区劲松南路1号　　　　邮政编码：100021
电　　话：010－64041652（发行，邮购）
传　　真：010－84045799（总编室）
网　　址：www.taimeng.org.cn/thcbs/default.htm
E－mail：thcbs@126.com

经　　销：全国各地新华书店
印　　刷：重庆共创印务有限公司
本书如有破损、缺页、装订错误，请与本社联系调换

开　　本：889mm×1194mm　　　　　1/32
字　　数：240千字　　　　　　　　　印　张：8
版　　次：2016年8月第1版　　　　　印　次：2016年8月第1次印刷
书　　号：ISBN 978-7-5168-1054-5

定　　价：39.80元

看海军打不过，就另辟蹊径用空军来征服。想法固然很好，但限于当年的技术，还是搞不定。不战就能立于不败之地，岂非好运？

天生丽质不能保证成功，后天努力才是关键。英国能够走上"日不落帝国"的康庄大道，绝非一朝一夕可成。历史突变论容易使人产生错觉，以为历史进程取决于某个关键点。任何历史事件都有来龙去脉，前因后果，继承发展，起承转合。所谓"决定性的瞬间"（借用了一句摄影术语）不能说不存在，但一定是凤毛麟角。

这篇《无敌舰队的覆灭》讲述了英西战争中英格兰所取得的一场关键性胜利，颇有些"历史转折瞬间"的传奇意味，但正如罗马不是一天建成的，英格兰也不是在 1588 年战胜了无敌舰队就突然变成了"日不落帝国"。她又经历了 200 多年的考验，才在维多利亚女王时代成为"超级大国"。这期间任何一个战略错误，任何一次大战失败都可能葬送英国的"远大前程"。可见，大国崛起是多么困难、多么幸运的一件事。

◎关于《对马海战》

> 巍貅海上军容壮，冒雪凌霜如挟纩。
> 一炬横飞敌舰摧，精魂都向波中衷。

—— 节选自《服部夫人嘱作日本海军凯歌》

这是革命先烈秋瑾在日俄战争结束后，为胜利方日本所作的一首贺诗。秋瑾的爱国情操当然不容置疑，她何缘对中国日后最凶残的敌人赞赏有加？事实上，当时中国反封建反帝制的革命志士们基本上都同日本有着千丝万缕的关系。如果按照现在的愤青标准，孙中山无疑是个大汉奸，黄兴是卖国贼，就连鲁迅也很可疑。这样的历史态度当然是非常危险和可笑的。上述事例再次证明历史是多么复杂微妙的东西。所谓好与坏、对与错都必须放在当时的历史环境中分析，并要在很长的一段历史时期中考察其后果，检验其影响。

当年中国，乃至很多殖民地国家均支持日本。其原因有二：第一，这是有色人种第一次在大规模战争中全面战胜白色人种，给这些被美英法德俄等强国欺凌的弱小国家以反抗的信心；第二，这场战争似乎证明了宪政国家的政治制度优于君主专制国家的，这对誓言推翻清朝统治的革命党而言，是很好的正面例子。当然我们所有身处历史之中的人都无法避免历史局限性。日本帝国主义的丑恶面目最终还是会彻底暴露，但日本胜利的时代意义仍然值得重视。

回到现在来总结，日俄战争的本质还是一场帝国主义国家之间争夺殖民地的非正义战争。一个是老牌欧洲强国，一个是新兴亚洲国家。两个强盗在中国的土地上打得尸横遍野，世界各国看得不亦乐乎，只有无辜的中国平民在战火中哀号，无人问津。就连清政府也宣布中立，任由子民遭受双方屠戮。

这段如此悲惨、屈辱的历史只是中国近代史中普通的一页，除了教科书略有提及外，一般人对此的了解也十分有限，还仅限于批判帝国主义。

读者们也要抛开愤怒和仇恨，思考为什么日本的明治维新能够成功，为什么它能够后来居上，为什么它能够跻身世界列强，为什么它能够实现工业化……太多的为什么需要回答，中国太需要这些答案来启示自己。

我国的文艺作品在描绘敌人时，似乎已经习惯于将敌人刻画成小丑，除了残暴就是愚蠢。君不见现在的很多抗日题材的电视剧，一个人可以单挑十几个鬼子，大刀比机关枪的战斗力更强，手榴弹可以炸伤天上的飞机。热闹是热闹，可是真正打起来，我们就会发现敌人们其实即聪明又能干。这种所谓的"抗战剧"看多了难免伤身败脑。历史一再警告：藐视对手的成功其实就是在为自己的失败挖坑。当然笔者也知道这些电视剧是披着抗日的画皮，犯不着太较真，只是忍不住揶揄两句而已。

日本是中国一衣带水的邻居，同时也是可敬可怕的对手。从1868年开始到1905年日俄战争获胜，一个弹丸小国经过不到50年的时间就从落后的封建幕府时代跨越进近代化（对于1905年说，就是"现代化"）强国，不可不称之为奇迹。笔者在这里不想过多去批判这个过程，因为很多著作已经批判过了；恰恰相反，笔者要冒天下之大不韪从正面的视角来审视这个过程。明治时代的日本人以无比的热情、进取和牺牲精神塑造了一个大国崛起的榜样。这难道不正是我们中国人应该仔细研究学习的地方么？当然，日本的"大国崛起"模式最后证明还是失败的。同德国的崛起模式类似（德意志第二、第三帝国），日本以穷兵黩武为特点的大国之路是走不通的。所以我国提出的"和平崛起"战略是经过深刻研究历史而得来的慎重决策。

1300多年前，日本以中国为老师，开始了"大化改新"。现在，既有成功又有失败经验的日本则是正走在崛起道路上中国的最好老师。学习对手不丢人，敬佩对手才有胸襟。这才是泱泱大国应有的风度吧！

◎关于《滑铁卢战役》

即使是对军事最没有兴趣的人，也一定知晓"滑铁卢"这三个字。如今这个位于比利时首都布鲁塞尔以南大约22公里的不起眼的乡村小镇成为"失败"的代名词，发生在这里的一场著名战役是西方文化中最重要的典故之一，就连中国人也往往用"滑铁卢"来替代传统的"走麦城"，表达相同的意思。

历史是由胜利者书写的，历史学家只为胜利的将军作传，这种"势利"的研究方法固然有学术的必要，同时也是为了迎合大众的喜好，有谁会对一个失败者产生兴趣呢？古往今来，有无数具备"光辉"潜质的人物就这样被遗忘在历史的阴暗角落，偶尔被拿出来谈论，也是为了衬托胜利者的"伟光正"。

然而历史的有趣之处就是总不乏例外发生。滑铁卢战役——这场奠定了19世纪欧洲几乎百年的政治格局、确立了大英帝国"不列颠霸政"的重要会战，其名副其实的胜利者——英国威灵顿公爵和普鲁士布吕歇尔元帅的名气反而远远不如小个子的败军之将——拿破仑一世。历史学家、传记作家、影视编剧导演们甚至不予余力地为拿破仑的失败寻找各种各样的借口、理由，以证明滑铁卢之败是因为：天气、糟糕的部下、叛徒、蹩脚的向导、地形、疾病（感冒、痔疮、胃病、皮肤病、膀胱病导致的闭尿症、精神不济等花样百出的病症），当然还有能够解释一切失败缘由的"坏运气"；或者干脆赤裸裸地说："滑铁卢战役中二流的将军击败了一流的统帅。"从司汤达到雨果，再到茨威格，这些文学大家给予了拿破仑最大的同情、最高的赞扬和最深切的惋惜。

从文学的角度看，这一点也不令人意外。拿破仑的一生可谓是波澜壮阔、跌宕起伏，他本身也充满了无与伦比的人格魅力，不仅征服了当年的法国人，甚至还一直影响后世至今，司汤达甚至把他撰写的拿破仑传记直接命名为《男人中的男人》。好吧，只要是个男人，怎能不被这个史诗般的男神的传奇人生所征服呢！相比之下，威灵顿公爵江湖号称"铁公爵"，除了说明其坚定的意志外，也说明其乏味的性格；而老帅布吕歇尔行将就木、功绩寥寥，哪里比得上拿破仑的一生多姿多彩呢！因此我们常常发现，图书馆里有关拿破仑的传记摆满了整整两栏书架，有关威灵顿和布吕歇尔的独立传记却相当少。要想了解这两个将军的事迹，最好在拿破仑的传记中去翻阅。我想他们一定会不服气地说："凭什么失败者比胜利者还荣耀？"我想，这大概只能怨他们偏偏同伟大的拿破仑生活在同一时代吧。

不过抛开个人魅力不谈，单从军事角度分析，拿破仑在滑铁卢战役中失败其实也不冤枉。英普联军排兵布阵固然没有亮点，但法军作战时毕竟犯了很多错误。战争同下棋一样，往往最后比的不是谁的妙招更多，而是谁的臭棋更少。拿破仑盲目自信、用人不当，在好几个能够决定胜负的关键处没能把握住机会。

正是这许多或主动或被动的失误，遭致法军惨败。如果时间倒退到1810年，在法兰西第一帝国的顶峰时期，拿破仑要对付威灵顿和布吕歇尔定是小菜一碟。可惜在1815年复辟后，拿破仑已经无法完全控制他的帝国、人民、军队和将领了。这种英雄迟暮的悲凉从这次战役伊始就始终伴随着他，直到他第二次退位，被流放到大西洋上的圣赫勒拿岛终老一生，最后彻底退出历史舞台。

再往更高层次分析，此时法国在战略上已经处于败局，就算拿破仑取得了滑铁卢战役的胜利，就算他能够在击败威灵顿和布吕歇尔之后，再接连战胜俄国和奥地利联军，就算他成功地粉碎了第七次反法同盟……法国被其他国家战略围攻的局面仍然没有改变，迟早还是一个输。除非拿破仑改弦更张，放弃他的政治理念和大欧洲一统理想，还有和谈的可能。只是英国、奥地利、俄国、普鲁士这些大国都曾在拿破仑手下吃过大亏，现在一门心思要将其彻底拿下，不会再给他留下任何机会了。

尽管拿破仑在滑铁卢陨落了，但他创立的功业影响了欧洲（乃至世界）的历史进程，他曾对其老对手——奥地利外交大臣梅特涅说过："也许我将毁灭，但当我倒下时，我将把所有的王位和整个社会都拉下来。"

毫无疑问，他做到了，甚至更猛烈、更彻底。

张炜晨

2016年6月

目录

CONTENTS

1　▶ **无敌舰队的覆灭 @ 弗朗西斯·德雷克**

女士们、先生们，我叫德雷克——弗朗西斯·德雷克。我是一名商人，往来于英格兰、非洲和新大陆之间。我还是下议会的议员，是普利茅斯的市长，另外还拥有爵士爵位……唉，好吧，我承认我是一个海盗。

73　▶ **对马海战 @ 东乡平八郎**

本世纪，不，可能是从十九世纪初特拉法加大海战以来最大规模的舰队决战一触即发……此时此刻，只有一个人能够也必须稳定军心，那就是联合舰队司令官，也就是我——东乡平八郎海军大将。

147　▶ **滑铁卢战役 @ 拿破仑·波拿巴**

他们要保卫大革命的果实，他们要重振法兰西的辉煌，他们需要在我——法兰西帝国皇帝——波拿巴·拿破仑的带领下，彻底毁灭那个腐朽的波旁王朝，粉碎没完没了了、死而又生的反法同盟，使法国再次主宰欧洲的土地并成为世界的霸主。

无敌舰队的覆灭

时间：1588 年 7 月 19 日—7 月 30 日

地点：英吉利海峡

把我的鼓拿到英格兰，悬挂在海岸，

当你们寡不敌众，便击鼓将我呼喊；

如果敌人们来到了德文郡，我将离开天堂的港湾，

如同我们当年那样，击着鼓把他们从海峡驱赶。

—— 摘自英国民谣《德雷克的鼓》

一点自我介绍

女士们、先生们，我叫德雷克——弗朗西斯·德雷克。我是一名商人，往来于英格兰、非洲和新大陆之间。

您问我具体做什么生意？其实也就是交换手工品啊、烟草蔗糖啊、黑奴啊什么的，都是些童叟无欺的正经买卖。虽然利润不错，但风险也很大，沉船死人是家常便饭；而且货物也很有风险，尤其是黑奴，运到西印度群岛后要死掉一大半，还要防备他们暴动，我挣点辛苦钱容易吗我！

更糟糕的是，这生意没做几年就不好做了。西班牙人垄断了航海贸易，驱赶我的商船，还差点要了我的命。大西洋这么宽阔，凭什么只有西班牙人发横财？于是我决定要报复他们。每当我看到西班牙商船，我的船就会凑上前去，用大炮、火枪和短刀同他们"友好协商"。只要他们同意投降，我就放了他们，但是要把西班牙人的货物转移到我的船上，由我代为保管。如果他们不识抬举，哼哼，休怪我手下无情。

海盗？谁说我是海盗？我是"私掠船主"懂吗，我有官方的许可证。你看看，这上面还有女王的亲笔签名呢！

瞧，这就是女王颁给我的"私掠许可证"。

我还是下议会的议员，是普利茅斯的市长，另外还拥有爵士爵位。

唉，好吧，我承认我是一个海盗。但这可不是我的错，因为后世的历史学家写我的传记时从来不征求我的意见，就把我囫囵归属到海盗一类。人们对海盗有偏见啊，总以为海盗都是套着眼罩的"独眼龙"，穿着臭气熏天的破烂衬衫，戴着油腻腻的三角帽，一副落魄模样。不要被廉价的冒险小说洗脑了，这是我的后辈们——加勒比海盗的装束。呸，一群土包子！其实我是如假包换的英格兰绅士。

各位读者，实话告诉你们，我不是一般的海盗，我是一个爱国的海盗，我的每一个毛孔里都写着"英格兰"三个字。如果连巴比伦的妓女也爱国，那么海盗为什么不能爱国？不客气地说，我为英格兰贡献的财富和军功，比在座的都要多得多，你们有什么资格对我指指点点？

我从来都不打劫英格兰商船。当然，看到在英吉利海峡和北海上来来往往的商船不能打劫，就好比老猫闻到鱼腥而不能偷吃，让我实在很痛苦啊。可我是有原则的，我只重点抢劫狗娘养的西班牙人的船。哦，对不起，女王陛下嘱咐我不要说脏话，否则有悖绅士风度。我只"奉旨"抢劫西班牙船。

女王，真是我们的好女王啊！诸位，你们知道我最大的股东是谁么？间谍头子弗朗西斯·沃尔辛格爵士？海军大臣林肯？女王的相好莱斯特伯爵？你们太不识时务了，其实就是女王啊，我的伊丽莎白女王啊！美丽高贵的女王啊，我愿变成最驯服的羊羔，亲吻您的裙褶；我愿将自己最好的披风铺在泥地上给您垫脚；我愿意化为最尖锐的匕首为您刺穿西班牙人的胸膛。

当然我绝不会辜负女王的托付和信任。上一次女王将"伊丽莎白"号借给我的"商船"队去冒险，我给陛下带回了20万英镑的回报，相当于王室一年的财政收入。这都来自于"慷慨"的西班牙船队。看着女王冷艳的脸庞笑逐颜开，就是我最大的幸福；当然回到家中手捧着成千上万枚金币，听着它们叮叮当当从手掌中滑落到宝箱中的天籁之音，这是比最大的幸福还要幸福的事情。

西班牙？你是问为什么要打劫西班牙人？当然是为了钱呀！我们在美洲，就是要吃定西班牙这个大户。西班牙人正源源不断地将他们从美洲搜刮到的黄金和白银运到马德里。金山银海的财富啊，难道你不眼红？女王投资，我来出力，大家发财，国家强盛，顺便还打击宿敌，这样的商业模式真的很成功。

诸位听我唠叨了半天，恐怕已经饿了。我给大家准备了新大陆的神奇食品：土豆。看，洗洗干净，剥了皮，咬一口，怎么样，很特别吧？别急，每个人都可以分到一颗珍贵的土豆，再来点朗姆酒，为女王的健康干杯，坐下来听我讲无敌舰队覆灭的传奇故事。

不会玩滚木球的海盗不是好海军司令

作为一个合格的海盗，我最大的爱好是喝酒、杀人、抢劫；作为一个优雅的绅士，我也喜欢舞会、骏马和滚木球。

1588 年 7 月 19 日[①]，英格兰的夏季一扫秋冬的阴霾，碰巧也没有风暴大雨，趁着西班牙舰队还没进攻的前夕，作为副司令的我向舰队司令霍华德请了假，召集舰队的各级指挥官们到普利茅斯港外的一座小山丘上玩滚木球。

---

① 1588 年欧洲各国均采用教皇格里高利十三世颁布的格里高利历，也就是现在全世界通用的立法。而当时的英格兰脱离了罗马教廷的约束，立新教为国教，与梵蒂冈分庭抗礼，所以仍用旧的儒略历，比格里高利历早 10 天。因为本文站在英格兰的立场行文，因此所有日期均采用儒略历。

阳光和煦，天公作美，怎可浪费？我和舰队的各级指挥官们在一座小山丘上玩滚木球。

南风习习，金灿灿的阳光照射在滚球场上。大伙儿也暂时将决战前的紧张扔进了太平洋。对于我们这些在刀口上舔血的"海狗"而言，及时行乐才是正确的处世之道。

我拿起一颗滚球，眯着一只眼睛，瞄准远处的目标球"Jack"，将手臂扬起来，正蹲下身子准备扔出的时候，一个大嗓门的家伙骑着马冲进草坪："西班牙人来了！"

我的手一抖，见鬼，球偏了。

来报信的是"金鹿"号舰长托马斯·弗莱明。"金鹿"号负责英吉利海峡西面入口处的巡逻警戒任务。弗莱明的汇报简明扼要："金鹿"号今早巡逻到不列颠岛西南端的锡利群岛海面上时，发现大批西班牙舰船正落帆停泊，似乎等待着后续船只。弗莱明一刻也没有耽误，立即扬帆转头驶回50海里外的普利茅斯。此时已经是下午3点了。

众人纷纷扔下木球，急匆匆地准备返回舰船，立即出港迎战。我拍拍手，示意大家安静下来，然后挑了一颗顺手的滚球，淡淡地说："先生们，时间还多着呢，玩完这一局再消灭他们吧。"说着，我的球顺势滚了出去，正好贴着目标停下来。真是漂亮的一个回合。

不知道是迫于领导的威严还是畏惧海盗的威胁，也许兼而有之吧，船长们嘟嘟囔囔着，勉强继续着滚木球的游戏。可是一颗颗木球不是扔出界外就是离目标偏得老远。如果放炮也是这种准头，那咱们就完了。

我指指飘向北面的旗帜说："大家看，现在是南风。舰队逆风出港很困难；而且现在正好是涨潮时间，更不利于行动。我看啊，各位不仅可以玩球，还有时间在岸上享用晚餐呢。"

大家想了想，似乎也是这个理，也就不嚷嚷了。可他们嘴里不说，心里肯定还是七上八下的。我抓住机会，赢了十来英镑后，才满意地放这些下属们回去①。

夜晚 10 点，随着退潮的海浪，女王直属的 34 艘战舰在长桨拖船的牵引下首先出港。我率领"德雷克支队"——人们私下里都称之为"海盗支队"的 34 艘武装商船紧跟其后，缓缓驶入大海。

最幸运的舰队②

我们即将面临的敌人可能是有史以来最强大的舰队。

据沃尔辛格爵士的间谍网所收集的情报分析，这支舰队拥有各类舰船 130 艘，其中 22 艘大型帆船（Galleon，又译"加里昂"船），44 艘武装卡拉克（Carrack）商船，大炮 2400 门，总兵力约 3 万人。如果舰队成功地同在荷兰的帕尔玛公爵的军团会合，将达到近

① 滚木球的故事只是一段轶闻，未必真，但德雷克倒颇有东晋谢安在淝水之战前后的风采，举重若轻，有大将气度。

② 西班牙语为 Grandey Felicísima Armada，原意为"最幸运的舰队"，在英语翻译中，就是历史上赫赫有名的"无敌舰队"。

5 万人。这是全欧洲天主教势力的大反攻，这是西班牙哈布斯堡王朝控制下的各国海军总动员。

1571 年，西班牙联合多个天主教国家组成神圣同盟，在地中海上击败了奥斯曼土耳其帝国海军，取得了勒班陀海战的胜利。1582 年和 1583 年，西班牙人又乘胜在亚速尔群岛海域击败了企图争夺新世界利益的法国舰队。当时那支西班牙舰队的司令官正是参加过勒班陀海战的老将圣塔克鲁兹侯爵。至此，西班牙舰队的强大已经无可置疑。放眼全球，已经没有对手。

时隔 5 年，西班牙国王菲利普二世没有理由怀疑更加强大的西班牙海军的实力，没有理由不信任更为老练的海军司令圣塔克鲁兹侯爵，没有理由不确信更为弱小的英格兰舰队不会如土耳其和法国舰队那样灰飞烟灭。

这支舰队由西班牙人、葡萄牙人、意大利人、爱尔兰人、德意志人、尼德兰人和英国人组成。英国人，是的，我们从来不缺少叛徒。那些叛乱的天主教徒们无时无刻不幻想将所有新教徒送进地狱。据说西班牙舰队还专门从船舱里腾出宝贵的空间，以便携带大量恐怖的刑具。一旦他们入侵英格兰成功，我这样的首恶一定很适合挂在十字架上送到大陆巡回展出。

西班牙舰队的士气也无比高涨。对他们而言，这是一次新的十字军圣战。对手不再是东方的土耳其穆斯林，而是信仰同一个耶稣的新教徒。我们这些异端脱离罗马教廷，擅自变更教义，自然是无比邪恶。我确信在天主教牧师们一遍又一遍的狂热布道下，西班牙联军将充满战斗热情。这确实是一支"最幸运的舰队"，因为它受上帝所庇护。他们的上帝将利用西班牙的力量，借西班牙人的手来铲除我们这些异教徒。当然我们的上帝有不同意见，所以需要在战场上辩论辩论。

反过来看看英格兰的军力，真是寒碜。女王的常备海军只有

34 艘，其中 14 艘还是排水量在 300 吨以下的小船。就这点家当，女王还千叮咛万嘱咐，命令霍华德司令和我谨慎使用，别把老本都输了。危急时刻还是私掠船主们挺身而出，纷纷贡献出自己的舰船为国而战；伦敦的商人们也慷慨解囊，承担了 30 艘 60 至 300 吨级的武装商船的费用。这样东拼西凑，从战舰的数量上比较，英格兰并不逊于西班牙，但我们的总吨位数和战斗步兵数远不及对方。我明白，如果就这样拉出去同西班牙较劲，就连我们的上帝也帮不了英格兰。我们必须采取新的战略战术才能险中求胜。

毫无疑问，西班牙将采取传统的"接舷"战术作战。从古希腊时代的"萨拉米斯海战"①开始，两千年以来，"接舷"是取得海战胜利的关键。舰船与其说是行驶的战舰，不如说是移动的海上城堡。水手只是驾驶"城堡"的"车夫"，地位也就比划桨的奴隶强点儿，真正的战斗人员还是步兵。靠近敌舰、登上敌舰、通过肉搏俘获敌舰才是海战公认的正途。

西班牙人深谙此道。他们的步兵毫无疑问是当今最精锐的部队，组织严密，战斗经验丰富。而英格兰的舰船上并没有独立的步兵，水手们不仅负责驾船，还要负责开炮，当然也要近身格斗，人数才 9000 多。一旦西班牙步兵登舰，没有任何悬念，我们的水手不可能是西班牙人的对手，他们将成为被屠杀的对象。上帝已经给了西班牙人明确的暗示，那就是继续复制勒班陀海战的战法，用"接舷"战术消灭英格兰海军。

这就是西班牙舰队可怕的实力。这支舰队不需要"幸运"，它本身就是无敌的，它是名副其实的"无敌舰队"。

---

① 萨拉米斯海战发生于公元前 480 年。此战役中希腊战胜波斯。可以说如果没有此役胜利，西方文明很可能中途夭折。

战争的理由

战争需要理由吗？需要吗？不需要吗？

"以上帝的名义，消灭英格兰的异端！"每一所西班牙教堂的神父都在重复着这个战争的理由。

呸！这就是我的回答。

信仰只不过是贵族欺骗愚民们的手段而已，真正的理由永恒不变：权势和财富。

菲利普二世无时无刻不在觊觎英格兰的王位。为了实现"世界君主国"的妄想，他在对英格兰的策略上一直玩两面三刀的把戏。一开始，他支持伊丽莎白女王，反对苏格兰女王玛丽·斯图亚特；当伊丽莎白将玛丽软禁起来以后，菲利普又改变立场，反而支持玛丽及其国内的天主教徒叛乱以推翻伊丽莎白。为了有道义上的制高点，他还拉来教皇庇护五世做后盾，因为玛丽是虔诚的天主教徒，对梵蒂冈而言，玛丽才是英格兰王位的合法继承人。

伊丽莎白女王当然也不甘示弱，公开支持西属尼德兰①新教徒的叛乱，以此来反对西班牙的统治。1587年2月她更是一不做二不休，以玛丽女王阴谋刺杀自己为由，判处玛丽死刑。当那颗睁着无助的眼睛的高贵脑袋在冰冷的花岗岩地面上蹦蹦跳跳、四处滚动时，整个天主教世界都震惊了。菲利普二世并不会惋惜玛丽的结局，但他已经明白如果不征服英格兰，西班牙在尼德兰的领地将永无平静之日，西班牙在欧洲的权威将永远不能建立，西班牙在世界的利益时刻会被侵犯。

迫使菲利普二世彻底摊牌的第二个原因就是经济冲突。英格兰很需要扩展海外市场寻求殖民地，而西班牙却想独吞贸易的好

①"尼德兰"、"联合省"、"低地国家"等词均大致代表现在的荷兰地域。

处，不许外人染指。两国国家利益的较量暗流涌动，山雨欲来。鉴于对西班牙人独霸美洲贸易的不满，以我为代表的英格兰海盗们不断地给西班牙制造麻烦，洗劫运输金银的商船。这样不仅打击了西班牙经济，还为英格兰国库增加贡献，更可以填满自己的荷包，如此一举三得，我干得是有滋有味。想必菲利普二世一定如鲠在喉，欲将我等除之而后快。

然而女王对维持表面上的和平仍然抱有幻想。毕竟英格兰实力不足，如果不爆发战争，似乎对我们有利。真是妇人之见啊！

就在西班牙大使在伦敦大放烟幕弹，鼓吹和平时，间谍早已发来情报，西班牙舰队正紧锣密鼓地准备入侵。战争一触即发。与其勉强接受一个不可靠的和平，不如拼死一战。对于漫长的英格兰南部海岸线而言，任何一处都有可能是西班牙人的登陆地点。为避免在海峡处处被动防御，我决定主动出击，首先袭击敌人的港口。因为战舰在敌人的海岸所能做的事情，远远多于只在自家门口的折腾。先敌进攻是最好的防御手段。

1587年3月23日，趁着女王还没改变主意，我率领22艘大小不一的船抢先出发，目标直指西班牙的重要军港——加的斯港。当我的船队出现在安逸度日的西班牙市民面前时，毫无防备的加的斯顿时乱作一团。城堡的要塞炮还没来得及填装火药，我就从容地洗劫了停在外港的30多艘补给船，并将它们付之一炬。接下来的日子里，我先后又攻击了里斯本、圣文森特角，在此期间俘获了100多艘小吨位舰船。虽然没捞到什么油水，但很多船上都装载了制桶木材和环箍材料，而这对于一支舰队而言，就是战略物资。军舰上保存粮食、淡水和葡萄酒的木桶必须由经过充分干燥和加工的木材来制造，否则木桶在海上的恶劣环境中很容易腐朽，导致液体渗漏、食品腐败。我命人将这些材料统统就地销毁。缺少这些木材，西班牙舰队将很难支撑长期海上航行，这就大大限制了他们的战略机动。

圣文森特角是扼守里斯本和地中海之间的战略要地。我本来计划在这里长期驻守下去，伺机出击，这样可以严重干扰西班牙人的正常贸易运输和海军调度。只可惜女王没有给我足够的舰船和人手，我只好作罢。

离开圣文森特角后，我又转战亚速尔群岛，竟然撞了大运。我俘获了菲利普二世的直属商船"圣·菲利普"号（San Felipe）。这一单使我收获了价值 11.4 万英镑[①]的货物。真是做梦也会笑醒。

6 月底，在把西班牙沿岸搅得天翻地覆后，我结束了长达 3 个月的奇袭，胜利返回普利茅斯港。抛开个人的一点收获，此次突袭最大的战果就是将西班牙舰队入侵英格兰的时间推迟了至少 1 年。而这 1 年的时间太宝贵了。英格兰进行了充分准备，而且联合省的新教徒们也很配合，成功地拖住了帕尔玛公爵的陆军军团。如果无敌舰队真的能够如菲利普二世所愿在 1587 年 9 月出发，那么西班牙陆军早就进了伦敦，菲利普二世也已坐在伊丽莎白的王位上，而伊丽莎白女王则将在马德里的监狱里度过余生。

"我们奇袭加的斯只不过烧了西班牙国王的几根胡须。"我在报告中写到。这不是谦虚，而是事实。西班牙舰队的作战实力仍然完好无损。在即将到来的残酷战斗中，我们必须小心谨慎，不给无敌舰队任何可乘之机。

稍纵即逝的战机

"感谢上帝，我们冲出来了。"我站在自己的旗舰"复仇"

---

① 现价超过了 1700 万英镑。

号（Revenge）上，长吁了一口气。真危险，战争刚一开始，我就差点全军覆没！

虽然在漆黑的夜色中我看不见无敌舰队的任何踪迹，可我知道他们一定就停泊在英吉利海峡的入口处，只待天明就挥师东进，同正在联合省镇压新教徒叛乱的帕尔玛公爵回合，增加装载1.7万名精锐步兵后，再一鼓作气登上不列颠群岛。

哈哈，他们的战略错了。我不禁暗自庆幸西班牙人犯的第一个错误。

关于无敌舰队计划，早在1583年，圣塔克鲁兹侯爵就提出了具体方案。当时西班牙挟新胜法国海军之威，自信满满的侯爵大人建议菲利普二世准备远征英格兰。无敌舰队将从西班牙港口出发，直接驶向英格兰，随后陆军登陆，在女王的海陆军还没反应过来之前，就径直扑向伦敦，一战定乾坤。

菲利普二世同时也征询了另一位重臣，也就是正在尼德兰镇压新教徒叛乱的帕尔玛公爵的意见。公爵是陆军统帅，提出应该在平定尼德兰局势后，就近利用当地港口，率领强大的陆军从泰晤士河口登陆，避免从西班牙本土劳师远袭。

于是西班牙国王手上握有两张A牌。圣塔克鲁兹侯爵的方案机动灵活；帕尔玛公爵方案则着重于雷霆一击。这两张牌，随便打出哪一张，胜算都很大。菲利普二世左看看右看看，决定把每张牌撕成两半，然后各取半张组成一张新A牌，实现"一个方案、两头占优"的奇效。"哈哈，我真是太聪明了！"菲利普二世此刻一定捋着"烧焦"的胡子自鸣得意。

这个嫁接方案的具体内容是：帕尔玛公爵的陆军在尼德兰的弗拉辛海岸附近集结；同时圣塔克鲁兹侯爵仍率领无敌舰队从西班牙出发，在英吉利海峡同英格兰舰队作战，并同帕尔玛公爵会师；待西班牙联军登陆后，无敌舰队负责控制海峡的制海权，保障海上交通线畅通。

这个战略看似兼顾了海陆军优势，但最大的弊端就是模糊了无敌舰队的功能。

毋庸置疑，西班牙拥有最强大的海军，但是这支海军只是用金山银海填出来的，他们似乎缺乏对海军的真正理解。也许在菲利普二世看来，海军只是陆军的运输工具和作战平台，海军的任务仅仅是配合陆军行动。那么无敌舰队的首要任务到底是击败英格兰海军呢，还是迎接帕尔玛的陆军[①]呢？

更要命的是，无敌舰队在法国和尼德兰沿岸并无合适的补给港口。目前英吉利海峡的欧洲沿岸重要港口都还被控制在英格兰和我们的盟友手中。所以为了强行同帕尔玛合体，圣塔克鲁兹侯爵将不得不在外海抛锚，我们显然可以利用主场优势大加利用。

作为一名长期在大海上漂泊的海盗，我对大海的认识与西班牙人迥然不同。为完成登陆作战，首先就要取得制海权。夺取制海权才是海军的首要任务，其次才是充当陆军的运输工具。要取得制海权，首先要消灭敌人的海军；要消灭敌舰队，首先要将其压制在港口，使其动弹不得。其实无敌舰队刚好就有这样的机会。

由于风向和潮水的限制，我们的舰队一整天都困在普利茅斯港不能出来。如果这时无敌舰队能够放弃同帕尔玛公爵会师的原方案，抓住战机立即封锁普利茅斯港，恐怕战争已经结束了。因为港口水域狭小，其地形使我舰队难以展开，这十分有利于西班牙人发挥步兵直接登舰肉搏的优势。他们要是还嫌不过瘾，还能借着风势和潮水放几艘火船进来搅局。只要消灭了我们这些杂牌海军，无敌舰队就可以不慌不忙、大摇大摆地入侵了。

---

① 在没有电报的年代，两支军队计划在同一时间同一地点会合，是件非常困难的任务。几万人行军，军情瞬息万变，通讯基本靠马跑，还未必能准确定位友军，等几个月不见踪影也毫不稀奇。

万幸，他们没这么做。

尽管诅咒别人很不礼貌，但我还是乐不可支地喜闻我那老谋深算的对手圣塔克鲁兹侯爵在当年年初死翘翘了。上帝保佑，你死得真是时候啊！无敌舰队的新任司令是西多尼亚公爵。如果虔诚的信仰能够保证胜利，那么西班牙还真选对了人。可惜战争的逻辑可不会迁就他。尽管新司令的血统更高贵了，贵族头衔更炫目了，但指挥能力却显著下降。就连公爵自己也知道不能胜任无敌舰队统帅的工作，多次请求菲利普二世另聘高人。西班牙国王估计看着公爵顺眼，就是不许他请辞。

其实也不能完全责难西多尼亚公爵不懂战略。西班牙海军本质上就是围绕陆军、支援陆军、服从陆军的辅助兵种，而不是独立完成战略任务的军种。所以他们没有决心，甚至想都不会想去突袭普利茅斯港，从而让我们逃过一劫。

上风优势

前一夜海面上的狂风暴雨使双方舰队不得不抛锚停泊。7月21日拂晓时分，随着天空渐渐放晴，我终于见识到了无敌舰队的恐怖。上百艘舰船首尾排列，在火红的朝阳照射下，看上去就像一块近在咫尺的陆地。船首及船尾的炮楼是兀立起来的城堡，风帆是高大的城楼，黑压压一片，随时准备着将阻挡他们的敌人碾碎。

海面上正刮着强劲的西风，我们却正好在无敌舰队的东面，处于其下风向。糟糕，如果敌人借着上风优势抢先攻击，这个地势对我们很不利啊！

很快，无敌舰队开始起锚。其主力战舰上纷纷升起了圣母玛利亚和耶稣受难的旗帜，当然还有代表圣战的十字旗。

"上帝啊，多少罪恶假借你的圣名。"我祷告道："我相信，正义的荣光将照耀我们的舰队，将入侵者彻底毁灭。"

信号弹不断地从敌旗舰"圣马丁"号（São Martinho）上发射。他们没有先发制人，而是依据事先的方案，将舰队排列成了有模有样的半月形阵型。这个阵势是菲利普二世亲自制定的，我们的间谍早已摸清了其中的奥妙。

无敌舰队的半月阵型，看起来倒真是气势惊人哪！

半月阵的正中央，聚集着行驶缓慢、几乎没有武装的运输船；半月的左翼弯尖（北）是比斯开湾船队和安达卢西亚船队所属的武装商船，右翼弯尖（南）是莱万特船队和吉普斯科安船队的武装商船；而无敌舰队的主力战舰是 22 艘火力最强的大帆船和卡拉克船，它们稳居在半月阵的凹面处。整个阵型南北两端几乎绵延 2 英里（约 3.2 公里）。上百条舰船左右腾挪，配合着海风呼呼大作，整个海面仿佛在它们的重压之下吱嘎作响。

看得出来这个阵型是经过精心设计的。如果直接攻击敌人最弱的运输舰，则敌人的左右翼将像两个拳头，上下合围，将我们包围在半月凹面，这样正好便于西班牙人跳帮登船；如果我们集中攻击敌人的一翼，则敌人的主力战舰作为机动力量，不论左右，均可及时增援；如果我们不做攻击，则敌人可舒服地向加莱方向前进，那里是海峡的最窄处，如果成功地接应了来自尼德兰的西班牙步兵，则敌人实力倍增，一旦登陆英格兰，局势更不可收拾；敌战舰如果在战斗中受伤，还可以从容退到半月阵的后方休整。进攻、防守、转移均游刃有余。

不好办啊！

我把玩着女王送给我的精致佩剑，在甲板上虚舞了几下，然后摇摇头，又将它缓缓插入剑鞘。这把剑比我自己侵染数百加仑鲜血的战刀差多了，真不顺手。

如果是法国海军、土耳其海军或地中海沿岸国家的海军，对付这样的阵势确实难以下手。但我们不是那样的正规军，也不会用西班牙人设定的作战方式。我是驰骋大洋的海盗，我的战术将完全摆脱旧有的教条。我看看手中镶着宝石的昂贵武器，暗想恐怕不会有它的用武之地了。我根本不会给敌人登舷的机会。决定胜负的武器不再是刀、剑、枪这样的肉搏武器，而是长程火炮。

无敌舰队的船帆随着信号弹和号角的指引，时而扬起，时而收下。敌人们上上下下忙得不亦乐乎，最后竟然能够将百余艘舰船排列成如此模样，也真是难为西多尼亚公爵了。在海面上指挥上百艘战舰同步运动可不像在陆地上排兵布阵那么简单，就同调度野猪站队一样困难。各战舰都是移动的，风向、海流也会影响阵型的完整。西多尼亚公爵既然费了这么多功夫去折腾，一定会尽量保持这样的密集阵型，并保护帕尔玛公爵的登陆部队突破我方海峡防御。好吧，这正是我所希望的。你的阵型确实强大，但待会儿我要让你见识见识什么是机动阵型。

趁着他们排列阵型的空档，英格兰舰队当然也没有闲着，全体舰船扬起三角斜帆，沿着英格兰海岸逆风行驶。在水手们的熟练操纵下，我的"复仇"号以"之"字形线路缓慢地向西面，即上风方向机动，终于越过无敌舰队，将其逼压到下风阵位。

无敌舰队被咱逼压到下风阵位啦！

　　大海平如镜面，似乎没有地形之分，双方的位置无关紧要。其实天气、阳光、海流、海岸线都会影响战局，而风向更为要紧。处于上风向的舰队可以更加灵活航行，自由选择攻击时机；而下风向的敌人不得不被动应战，并且每一轮炮击后，火炮的硝烟会吹向自己，妨碍下一步行动。

　　西多尼亚公爵当然也懂得这个道理。只是他没有料到我们这些海盗船的行动如此敏捷迅速。是啊是啊，如果慢慢腾腾、笨手笨脚，我早就被西班牙人抓住送上绞架了。我之所以能够无数次在同西班牙的战斗中胜出，就是两个词：快速与敏捷。这就是我对付无敌舰队的战术。我要用灵活的英格兰舰队一点点割它的肉，放它的血，让这支庞大而笨拙的舰队永远也回不了西班牙。

我咬着牙，狠狠地用拳头砸向船舷。西班牙，你曾经欺骗我、愚弄我、伤害我。是的，我抢了你很多财宝。但这远远不够，金银永远无法补偿我受到的屈辱和死去的弟兄们，我今天将要用你的血来加倍偿还。

我的第一次海上冒险

我曾经是一个遵纪守法的船主。我同所有往来于欧洲大陆和美洲新世界的商人一样，只想在海上冒险过程中挣点儿钱。我厌恶争斗，更没有兴趣同西班牙政府对着干。

可是西班牙人却将美洲看作他们的自家后花园，粗暴地拒绝任何别国商人染指海上贸易。他们的依据是 1493 年在罗马教皇亚历山大六世仲裁下确立的所谓"教皇子午线"。

大西洋上通过亚速尔群岛和佛得角群岛以西 300 里格[①]的子午线为西班牙和葡萄牙两国的管辖分界线。他们规定此界线以西所有地域，甚至包括尚未发现的土地均属于西班牙，以东则属于葡萄牙。该线其实就是将所有非基督教世界都分给西班牙和葡萄牙经营。因此对西班牙而言，美洲除了巴西[②]之外，其余地盘任何人都不能闯入。他们还公然宣称"越界无和平"。

① 1 里格约 5.92 公里。300 里格合 1776 公里。
② 那时巴西是葡萄牙的殖民地。

"教皇子午线"大致在西经46°37′，后来几经变更。噢，划这道线的人真是强盗！

　　霸道，太霸道了！世界那么大，凭什么就让西班牙独占？这条界线是西班牙同葡萄牙私下签订的，我作为英格兰人可没有义务遵守。而且作保的是教皇，反正咱们英格兰新教徒早就被教皇开除教籍，更没有必要理会了。

　　美洲殖民地急需非洲的黑奴做苦力，欧洲垂涎美洲的兽皮蔗糖等原料，非洲则欢迎欧洲的加工制成品。这是一条充满风险，但又有暴利可图的"黄金三角航线"。有需求就会有供给。在西班牙的打压下，需求越得不到满足，提供商品的利润反而会越大。在巨大的利益诱惑面前，我决定加入表哥约翰·霍金斯的船队，开始进行走私贸易。

　　霍金斯表哥算得上是英格兰"黄金三角航线"的创始人，先前有过2次成功的航行，赚了个盆满钵满。这一次率队远航还得到了女王的投资，我们更是踌躇满志。看来这笔生意有赚头。有表哥罩着，我也东拼西凑投资了一艘50吨级的小船"朱迪思"号（Judith），并自任船长，于1567年随同表哥踏上了航程。

　　1568年9月，在卖掉那些黑黢黢的"活货物"之后，船队遭遇了飓风，不得已，就近进入西班牙所属圣胡安岛的维拉克鲁斯港准备修理受损的船只。

作为走私船，我们当然不能大大咧咧地往里面闯。还是霍金斯有办法，他命令船队挂上西班牙国旗进港。这一招居然还瞒过了守军。岛上守军人数本来就不多，加之我们突然袭击，很快就缴械投降了。

我们只是唯利是图的商人，可不是杀人如麻的匪徒。在客客气气地将俘虏们关起来后，霍金斯立即下令修理船只，以便尽快返回英格兰。

然而好运气到此为止了。第三天，一支装备精良的西班牙舰队出现在了港口外，风暴还没有停息，他们也急需进港修整。于是当时的局面很尴尬，双方打也不是，和也不是，毕竟英格兰和西班牙还是台面上的友邦嘛。于是霍金斯和西班牙舰队上的新任总督马丁·恩里克斯达成君子协定：彼此互派人质，两不相扰。

圣胡安岛的背叛

我想想，那应该是在 1568 年 9 月 23 日。

"圣地亚哥，圣地亚哥！"一伙西班牙人高呼着口号，突然出现在表哥的旗舰"卢贝克耶稣"号（Jesus of Lubeck）的船舷边。看得出来，他们不是来做客的，而是要置我们于死地。很快，西班牙战舰开炮了。猛烈的炮火将我的"朱迪思"号打得遍体鳞伤。

我从来没有经历过这样无耻的背叛。两个绅士之间的协议就这样毫无廉耻地被撕毁了。也许我太单纯了，在利益面前，从来就没有所谓的信用和承诺。只要背叛的成本小于收益，我就一定会遭受背叛。这就是西班牙人给我的教训。一瞬间，我仿佛看清了这个世界运行的真相：心狠手辣才是生存的唯一法则。

　　一个西班牙士兵从船舷上露出上半身躯干，叽里呱啦呼号着就要登舰。我下意识地抽出弯刀，使劲全力对准他的脑袋劈去。我从来没有仔细磨过刀，一直以为弯刀只是吓唬吓唬黑奴的工具。现在报应来了，我的刀卡在他的头颅中怎么也拔不出来。这时又一个西班牙士兵攀爬上来，挥剑朝我刺来。我松开弯刀，侧身避开利剑，从腰间拔出匕首，顺势刺进这个倒霉蛋的下颚。当我拔出匕首时，一股咸腥的鲜血喷到我的脸上。

　　我的船毕竟是小船，不是敌人攻击的主要目标。在清理完登舰的敌人后，我命令船员立即升帆离港。

　　"长官，我们还有人在岸上呢！"大副提醒道："扔下他们就死定了。"

　　如果还不赶快跑，我就死定了。想要在海洋上生存，就要撕去虚伪的面纱，直面最残酷的现实。岸上的弟兄们，我管不了你们了。

　　"快看，霍金斯长官在求援。"水手长指向正遭受围攻的"米尼恩"号（Minion）喊道。"卢贝克耶稣"号的桅杆已经被打断，看来我的表兄仓皇转移到"米尼恩"号上去了。

　　我扭过头去，强迫自己不去注视危机四伏的"米尼恩"号，不容置疑地对大副命令道："快升帆，出港！"。对不起了，霍金斯表兄，我没有办法救你。这笔血债将来一定要西班牙人千百倍地偿还。扔下还在苦斗中的霍金斯，我暗暗发誓。

第一战

　　国家不可因怒而兴兵，个人不可因怒而狂暴。整整二十年过去了，当年的愤怒早已化作刻骨的仇恨深深埋藏在心里，如今我的行动都是基于理性的判断和对利益最大化的追求。

总有一些天真的小青年问我为什么而战，为自由的航海？为豪迈的冒险？拉倒吧，我为烈性朗姆酒而战，为妩媚的女人而战，为金币宝石而战，当然顺便还要为伊丽莎白女王陛下和英格兰而战。我不是一个纯粹的爱国者，只是正好将爱国和个人利益结合得很好罢了。

现在是同西班牙舰队最后决战的时刻。我不再是当年那个一腔热血的年轻人，我心里很明白，冲动不能解决任何问题。鲁莽地冲锋将正中无敌舰队下怀。两千年以来西班牙人已经把"接舷"战法运用得炉火纯青，我可不会傻乎乎地冲上去同他们拼命。

英格兰舰队排列成一字纵队——这是一种崭新的阵型——从半月阵型的南部突入。各舰首尾相连，将船舷对着敌舰，小心翼翼地向敌舰靠拢。整个舰队分成了两个部分，即霍华德率领的主力舰队从南面进攻，而我的分舰队从北面进攻，同时保护英格兰海岸线，防止无敌舰队登陆。

上午9点左右，霍华德司令率领的舰队在距敌500码（约457米）处开始向无敌舰队齐射。

这正是我们预设的战术：远距离作战。

西班牙舰队的优势是他们精锐的步兵、高大的舰楼、威力巨大但射程较短的加农炮（Cannon），因此敌人十分青睐在中短距离上进行战斗。英格兰舰队的特点是灵活敏捷，装备了大量较长射程的卡菲林炮（Culverin），所以我们在敌人的射程外对其实施炮击，绝不给西班牙步兵跳帮登舰的机会。当然如果操控不佳，这点距离也很容易缩短，一不小心就撞上敌舰，从而又变成登舰肉搏。所以这一套战术的实现前提完全基于英格兰水手们精湛的操船技术。现在就让上帝作证，看看西班牙的"海上陆战"同英格兰的"海上海战"孰强孰弱吧。

第一轮射击效果不大。虽然卡菲林炮的射程号称有 2500 码，但在实战中连在 500 码的距离上也难以保证精度和威力。我计算过，既要让卡菲林炮发挥威力，又要避让敌人的反击，300 码是比较合适的距离。可惜霍华德的女王舰队看来还是训练不佳，担心离无敌舰队过近导致失控，500 码就开炮了。哼哼，既然政府军靠不住，就让西班牙人见识见识我们这些老"海狗"们的本事吧。刚刚我已经向他们展示了"逆风航行，抢占上风"的精彩一幕，下面的表演将是"我绕着你打，你打不着我"的海上喜剧。

以旗舰"复仇"号为首，我带领德雷克支队开始围攻无敌舰队的左翼——比斯开湾支队。西班牙人当然不会坐以待毙，他们很快也齐射了一轮炮火回应。可惜再多的祈祷也不能助使加农炮射程延长。发射来的炮弹不是落在海里就是偏了准头，对我方毫无威胁。

比斯开湾船队的指挥官是里卡尔德，他同时也是无敌舰队的副司令。这位军官有着丰富的作战经验，倒是可以弥补西多尼亚公爵的菜鸟级指挥水平。他见势不妙，立即指挥战舰向我方靠拢，企图到达近战的目的。

随着敌舰渐渐逼近，我的水手们拼命地填装大炮，接连又进行了 2 次齐射，而无敌舰队却没有再还击。这是西班牙人的另一个大缺憾——他们的大威力火炮几乎是"一次性"的。

西班牙人的火炮来不及二次填装，几乎是"一次性"的……

西班牙人的战术是接舷白刃战，他们的大炮仅仅在靠近对手时发射，然后步兵一拥而上登上敌舰。由于大炮没有必要二次填装，因此他们的炮手都是"业余"的，自然比不上职业海盗们的专业水平。更要命的是，西班牙大炮都是安装在两轮炮架上。这种陆地上的炮架用在海上，使得火炮的瞄准和填装都不尽人意。而我们的大炮使用新式四轮炮架，这样不仅能有效地通过自后退来抵消后坐力，还能很方便地移动炮尾下方的木楔来调整炮口高度。这样不论是在人员训练上还是在武器装备上，我们都更具速射优势。

这是我们的新式四轮炮架，非常实用！

发射，发射，发射！

当"复仇"号贴近到敌人的射程内后，我命令水手调整风帆，远远跑开，然后再调转头来进行下一轮攻击。

在我们的猛攻之下，无敌舰队的阵型渐渐发生混乱。现在无敌舰队的左翼落到了下风位置。如果说下风处还有什么优点的话，那就只是更容易逃跑罢了。果然，一部分战舰试图脱离战斗，向半月阵型的中央靠拢。也许是他们为了严格遵循西多尼亚公爵的死令："任何一艘船都不能从舰队离开。违反这条命令的人将处以死刑。"此时在强劲的西风下，整个无敌舰队都顺风向东航行；也许他们是在不断的打击下开始恐慌逃避。我宁愿相信前者，否则击败一群懦夫又有什么荣誉可言呢？

然而里卡尔德司令用行动表示反对。他带领座舰"格兰·格林"号（Gran Grin）和另一艘大型帆船"圣胡安"号（San Juan）不退反进，在自己的部下纷纷却退的时候迎向"复仇"号。

是条汉子。我暗暗赞许里卡尔德的勇气，决定用更多的炮弹回馈这种美德。我方4艘战舰轮番上阵，盯着"格兰·格林"号，将其打得千疮百孔。然而卡菲林炮的威力毕竟有限，炮击了2个多小时，虽然大量杀伤了"格兰·格林"号上的人员并严重破坏了舰船上的桅杆和上层构筑物，但舰体本身仍然保持完好[①]。

"爵士，干脆接舷肉搏吧！"大副迫不及待地建议道。是啊，俘获这艘1000吨级的战舰和上面的副司令，这样的诱惑真是不小。

如果是在劫掠中，我不会放过这样的机会。可是此刻是在危机四伏的战场上，"格兰·格林"号上的西班牙步兵可能还毫发无损，西多尼亚公爵也正亲自带领总旗舰"圣马丁"号前来救援。在敌人的援军随时可能到达的情况下，我可不能掉进苦战的陷阱。

我挥挥手，命令"复仇"号向后移动，与无敌舰队的增援部队保持安全距离。

作为海上猎手，既要勇于捕捉猎物，更要善于全身而退。干我们这一行，硬打硬拼可吃不开。能够在残酷的海洋上生存下来，

---

① 在爆炸型炮弹出现之前，即便到了19世纪，用实心炮弹击毁木质战舰仍然是很困难的事情。

并且过得还算不错，我是有很多职业诀窍的。

白天的战斗虽然没能直接斩获一两艘敌舰，但阻止了无敌舰队在普利茅斯登陆的可能，也算过得去。我有强烈的预感，这一次海战将不同以往，企图一战定乾坤是不切实际的，我们要用无比的耐心与西班牙人纠缠。这正是我的专长。望着渐渐脱离战斗的敌舰，紧绷的神经稍稍松弛下来。再激烈的战斗也比不上我第一次独立冒险航程时的危险，我不禁又回想起往事。

私掠许可证

《十诫》第八条告诫我们：不可"偷盗"（steal），可没说不许"抢劫"（Rob），何况抢的还是敌人的财富，我就更没有心理负担了。

1570 年，我终于获得了伊丽莎白女王颁发的私掠许可证。许可证授权武装商船可以攻击、劫掠并俘获敌人的商船。从此天上的法和人间的法都准许我"合法"地抢劫西班牙货船。霍金斯表哥开创的贩卖黑奴事业和三角黄金航线已经过时，和平贸易就此终结，武装掠夺将是今后的主旋律，而我就是这支战争舞曲的指挥和首席演员。

我出生在德文郡，这是一个有着光荣而悠久的海盗传统的地区。由于靠近英吉利海峡，自古以来这个地区的每一个家庭多多少少都同海盗经营有些瓜葛。不过这种小打小闹、欺负自家人的行径常为我所不齿。一个有追求的海盗应该放眼整个大西洋和新大陆，应该打劫西班牙人盛满黄金白银的珍宝舰队。国恨家仇的怒火从来没有在我心中熄灭，反而越来越炽烈。西班牙，你们的末日就要来临了。

　　我没有迫不及待地率领私掠舰去洗劫新大陆，而是驾驶一艘小船在加勒比海地区做了很长一段时间的调查。俗话说得好：出海之前清理船底的时间绝非浪费。我就是因为不熟悉当地地形，对西班牙人的狡诈也缺乏防备，2年前才在圣胡安岛吃了大亏。这一次我定要充分准备，一雪前耻。

　　1572年，我带领2艘船——"帕斯克"号和"天鹅"号，共73名船员从普利茅斯启程，目标正是号称"珍宝港"的迪奥斯港（Nombre de Dios）。经过前期的侦察得知，西班牙人把他们从秘鲁和墨西哥各地搜刮来的金银财宝首先用船运到太平洋沿岸的巴拿马城，然后弃舟上岸，用骡马驮运穿越巴拿马地峡的丛林，到达大西洋沿岸的迪奥斯港，最后从这个港口集中装船运抵西班牙[①]。因此，迪奥斯港是连上帝都要眼红的财宝大本营。更妙的是，西班牙人虽然对横穿大西洋运送金银的舰队防护有加，却万万料不到我将直接在他们的心脏处偷袭这个港口。

　　可是两年前的晦气大概还没散尽，我们刚刚进入港口小镇扯起大旗高喊抢劫，就被早有防备的西班牙人打了一闷棍。估计我们是在加勒比海航行时被西班牙舰船发现了，让港口当局提前得到警报，及时做好了防范。偷鸡不成反蚀一把米，我拖着一条受伤的腿，跳海的心都有了。

　　就这样窝窝囊囊地回去？那我就不是胆大妄为的弗朗西斯·德雷克了。我有了一个新计划。

　　巴拿马城和迪奥斯港是骡队运输的铜头铁尾，看来不容易下手，但长长的运输线是名副其实的豆腐腰，只要摸清财宝运输队的行进路线和人员武器配备，在途中打劫还是很有胜算的。我们需要的就是找一个僻静的地方隐蔽下来等待。

---

　　① 连接太平洋和大西洋的巴拿马运河直到20世纪初才开凿成功。

莽汉从不缺乏勇气，但只有智者才具备耐心。这一等就是大半年。在热带雨林中风餐露宿，其间的艰苦不堪回首啊！伙伴们一个个死去，甚至连我的两个弟弟也见了上帝。回去吧，每天都有人对我说。回去吧，每天我都劝自己说。不，这一场豪赌我已经投入太多的成本，现在回去除了空留一条狗命外，名誉、财产、亲人都将失去，我将一无所有。

机会终于来了。1573年4月，我碰见了法国同行勒·泰斯图。我仅剩下的18个手下和泰斯图的队伍联合起来，勉强还可以干一票。

当月，在一群当地逃亡黑奴的指领下，我们这个"英法联合海盗团"成功地袭击了一支运宝队。不幸的是泰斯图在交火中受了伤，动弹不得。财宝太多了，根本背不完。看着在一旁痛苦呻吟的泰斯图，我决定把他扔在路边。先把金子装进口袋才是正事，剩下拿不完的就地埋在地下。

当我们再次返回时，西班牙的救援队已经搜索过了作案现场。埋起来的金子自然已被挖走，泰斯图也横尸路边。我又一次见死不救。不过这又有什么不好呢，泰斯图的那一份正好被我们瓜分算述。

回到英格兰，已经是1573年8月9日，一个向上帝奉献的礼拜日。黄金的诱惑远大于对上帝的忠诚，人们停止祷告，蜂拥着从教堂冲出来向我欢呼；这十多万西班牙金币①的财富也使我一跃成为女王的新宠。是的，金钱才是这个该死的世俗世界的通行证。但这还远远不够，我要组织更大的船队去掠夺更多的财富。西班牙人不是不可战胜的。我以家族的荣誉起誓，他们噩梦的大幕已经拉开，这仅仅是开始。

---

① 约合现在900万英镑。

捕获"罗萨里奥"号

当我正对着天空回忆复仇后的快感时,突然一阵巨响传来,水手们随之爆发出一阵欢呼。下风方向的海面上腾起一柱黑烟。我眯着眼睛使劲瞅,似乎是无敌舰队的一艘大型卡拉克船发生了爆炸。我爬上桅杆,命令视力超好的瞭望员汇报详细情况。

"是'圣萨尔瓦多'号(San Salvador)!"瞭望员兴奋地回答:"后桅杆倾倒,艉楼完全损坏。这下可真够他们受的。"

"圣萨尔瓦多"号是无敌舰队的总金库和军需船。金子!我的眼睛都要放出火来。

冲上去,弟兄们,把这条船给我抢回来。

看着自己的军饷和面包将落入我们手中,西多尼亚公爵也急了,再一次亲率战舰救援"圣萨尔瓦多"号。

敌舰队在混乱的运动中,安达卢西亚支队的旗舰"罗萨里奥"号(Rosario)同另2艘舰船接连发生碰撞,它的前部斜桅折断,前桅的支索也被损坏,完全丧失了机动能力。而这艘战舰上据说也装载了大量金银。

这样的好运居然就发生在我的眼皮之下,如果不去抢点什么东西回来,简直就是忤逆上帝的意愿啊。但是我还是抑制住激动,撤了回来。现在无敌舰队是拼了命也要保住这2艘战舰,如果这个时候强攻,我们反而会吃亏。

犹如迁徙的角马,无敌舰队不可能守着受伤的伙伴不动。它不得不随着西风向加莱方向移动,执行菲利普二世不可变更的命令——接应来自尼德兰的西班牙步兵。而受伤的猎物是跑不远的,今天晚上等它们落单后,我再去给它们致命一击。

入夜后,西北风越刮越紧。无敌舰队的主力已经飘远了。霍华德勋爵召开了一次军事会议,商讨今后的对策。大家一致认为经过白天的苦战，无敌舰队一定会寻求一个适合投锚的基地——最有可能就是在怀特岛——接受来自大陆的补给。英格兰舰队必须阻止西班牙人得到喘息的机会。鉴于鄙人高超的航海技巧和对英吉利海峡的熟悉，霍华德勋爵指派我为今晚行动的总指挥，继续追击无敌舰队。

我在"复仇"号上点起硕大的灯笼作为信号，一马当先航行在最前面；后面跟着总旗舰"皇家方舟"号（Royal ark）等主力大帆船。

突然瞭望员报告，朦胧中看见1艘落单的西班牙战舰在左前方，很可能就是早些时候受伤的"罗萨里奥"号。啊哈，猎物近在咫尺，这可是一笔大买卖啊！熄灯，熄灯，快熄灯，可不能让后面的船长们瓜分我的财宝。

大副随我闯荡了多年，自然心领神会。他蹿溜一下窜到桅杆上，熄灭了灯笼。管他什么先锋任务，我先把"罗萨里奥"号俘获了再说。就算给女王打工，我也不能做亏本买卖呀！

刹那间黑暗裹挟住我，"复仇"号也随之消失在夜幕中。我只能凭借微弱的星光跟随着前方的庞然大物。鱼已经上钩，但我还不能收线。太黑了，并不适合跳帮登船。这艘受伤的大型帆船目前只能随波逐流，我不用太过于急躁。

天明后当我架起大炮准备射击时，才有些后悔是不是太冒进了。"罗萨里奥"号是无敌舰队中仅有的6艘1000吨级以上的大型帆船。毕竟是分舰队旗舰，火力强劲，配备各种大炮近50门，水手100多名，还有步兵300名。"复仇"号驶近"罗萨里奥"号后，我必须仰着头才能看清其高大的船楼。"罗萨里奥"号仅仅是行动不便，但其战斗力仍然不容小觑。如果这个时候西班牙人来一个反冲锋，那还真是棘手。

我拿出战鼓，站在船头亲自敲击，然后硬着头皮打出信号，表明正在靠近的英格兰战舰是海上大盗德雷克的旗舰："罗萨里奥"号必须立即投降，我将给予投降者应有的不损荣誉的待遇，否则格杀勿论……如此一通鬼话。我已经筹划好了，万一接舷肉搏形成胶着状态，或"罗萨里奥"号意图反跳帮，我就凭借"复仇"号良好的机动性立马开溜。

敌人的反应出乎意料。他们象征性地开了几炮之后，就宣布"光荣"投降了。我在"复仇"号上客客气气地接待了无敌舰队安达卢西亚支队司令官佩德罗·德·瓦尔德斯。

瓦尔德斯显然十分沮丧，黑着脸执行完必要的程序后，还给我一份人员财产清单。好家伙，除了俘虏、大炮外，还有堆积如山的军需品，更有5.5万达克特①金币。站在一旁的大副好不容易才忍住没有咯咯笑出声来。

我非常绅士地接受了瓦尔德的投降。

① 达克特（DUCAT）是当时在欧洲通行的一种重227克的金币，5.5万达克特约合现在202万英镑。

他得意的表情显然刺痛了瓦尔德斯悲伤的心，他讽刺道："你们英格兰人是为了金钱而战，我们西班牙人是为了荣誉而战。"

"是啊，是啊，我们双方都是为缺少的东西而战。"我反击道。

为了保护好这宝贵的战利品，"复仇"号干脆脱离大舰队，一路押送"罗萨里奥"号缓缓回到英格兰的托拜港。我亲自盯着水手们将金币运送下船，并由我家族的人运走。当然我会将金币上交到女王金库，只不过在数量上"小小"地打一个折罢了。

大副乐不可支地掰着手指头盘算能分到多少钱。我踹了他一脚说："没出息。这点金子算什么！当年我带回来20万英镑的财宝，那还不亮瞎了你的眼。"

大副无比崇拜地望着我，十分后悔没有早点跟我混，还央求我讲讲那一次举国震惊的冒险。好吧，反正返回舰队途中也没什么事，我惬意地倒了一杯朗姆酒，回顾起传奇岁月。

穿越麦哲伦海峡

15年前，那还是在1573年，我站在巴拿马地峡的山冈上向西眺望时，看到了传说中的太平洋。这片海域那时是西班牙的私海。当时我正处于山穷水尽的时候，只能远远幻想有朝一日能够在太平洋航行。1577年12月，我终于带领大小不一的5艘船再次展开冒险之旅。这一次的目标就是神秘莫测的太平洋，我期望能够发现前往中国的西部航道。

如第一次探险一样，我的最大股东还是伊丽莎白女王。女王当然不会对地理研究感兴趣，真正吸引她的是我对付西班牙的新策略。现在西班牙人在加勒比海和巴拿马地峡的防备大大加强了。经过研究，我决定另辟蹊径，绕过美洲的最南端，偷偷穿越西班牙人把守的麦哲伦海峡，闯入太平洋。原来从来没有私掠船进入过太平洋，因此航行在太平洋的西班牙运宝船几乎没有武装，也没有任何戒备。而我正好出其不意、攻其不备。

不过这一次风险更大。我手头只有支离破碎的美洲大西洋沿岸海图。据说麦哲伦海峡曲折蜿蜒、布满暗礁、海况复杂、十分危险，而我对穿过海峡后的太平洋更是一无所知。不过我根本不怕。上帝是公平的，没有百倍的危险，哪能获取百倍的财富；没有九死一生的危途，哪能建立盖世奇功。带着对西班牙人的仇恨和对发财的野心，我义无反顾地再次踏上征途。

1578年6月，我的船队到达了圣朱利安港。在这里我处决了曾经的好友托马斯·道蒂。道蒂是最早支持我远航的人，然而他也是第一个要逃跑的人。他只是一个投资人，不是真正的水手。他被翻涌着滔天巨浪的南大西洋吓坏了，对未知的太平洋更是充满恐惧。道蒂还多次无视我的权威，在水手面前同我争吵。我本来还想网开一面，把他羁押住就算了。但随着船队越来越接近麦哲伦海峡，我愈发想起当年麦哲伦就是在片海域吊死了企图叛乱的船长。没有他的雷霆手段，就没有伟大的麦哲伦环球航行。不行，道蒂活着始终是个威胁，为了我的事业，我不能心怀妇人之仁。

于是我砍下了道蒂的头颅，并将其高高悬挂在桅杆上以儆效尤。看着那逐渐风干的人头，我也曾有过愧疚。可我很快就释怀了。在大海上，只有绝对的权威和毫无妥协的残酷才能控制住团队，才能战胜危机四伏的大海。为了贯彻上帝的意志，有时天使的翅膀也不得不先变成魔鬼的尾巴。

当船队终于来到麦哲伦海峡的入口处时，就连我这样的老"海狗"也不禁倒吸一口凉气。这里天空阴暗低沉，阴风猛烈；海面上漆黑嶙峋的山峰陡立，浓白浑浊的迷雾聚集，海峡似乎正张着大口要将我们吃掉；而南大西洋的海浪也颠簸异常，使我们在甲板上跟跟跄跄，不少水手开始严重晕船。海峡中央和海峡的那一边到底有什么，值得我们去冒险么？所有的海员都盯着我，如果我命令立即调头返回英格兰，他们一定会热烈地拥抱我。

任何踌躇都会毁了这次远航。我知道如果再犹豫一天，我就会屁滚尿流地逃回家。在自我放弃之前，我毅然命令船队扬帆驶入海峡。如果麦哲伦能够通过，我德雷克应该也能够通过。

船队在 300 英里长的曲折水道中小心翼翼地行驶。我花大价钱买来的所谓海图完全不能用。每每转过一个海角时，我都要祷告不要搁浅或撞上崖壁。如果在这里翻船，我们就是全世界死在最南边的人。

在我的右舷，就是美洲最南端。当地土著这些天来一直跟随我们前进。他们点燃的篝火犹如鬼火一般在黑幕中摇曳。生番们也许正期待我们失事，好来瓜分船上的欧洲制成品。

而我的左舷则是一块更蛮荒寒冷的南方大陆，就连贪婪的西班牙人也没有兴趣染指。在这片不毛之地，只有一群比鹅小、比野鸭稍大的黑白色动物，它们左右摇摆着直立行走，样子特别滑稽可爱。杀！可爱又不能当饭吃。正好利用这种动物补充新鲜肉食。

航行的头半程还比较顺利。东风稳定地从后方推送我们向西前进。然而在后半程，风向变成了逆风，海风在峭壁间涌动，我们必须非常小心，以避开散布在海峡中星罗棋布的岛屿。

1578 年 9 月 6 日，经过 14 天惊心动魄的航行，我们终于穿越了麦哲伦海峡，呼吸到了太平洋的海风。可是厄运才刚刚开始。我还没来得及庆祝，就遭遇到罕见的海上风暴。整整 2 个月的狂风将船队吹散。一艘船失事沉入大海，一艘船返回麦哲伦海峡后不知所踪。而我的旗舰"金鹿"号（Golden Hind）犹如一片枯叶，向南漂移了整整 5 个纬度之多。太平洋？真是一个充满讽刺的名字。

当"金鹿"号几乎要撞上一座浮冰时，我才发现西班牙人所宣称的南方大陆根本子虚乌有。麦哲伦海峡其实是一群大大小小的岛屿①同美洲大陆相夹形成的水道。我登上岛屿的南端海角②，面向南方无边无际的大海，骄傲地向水手们宣布，这个位置才是世界已知陆地的最南端。我们是地球上走得最南③的人。更重要的是，以后将有两条通往太平洋的航路。

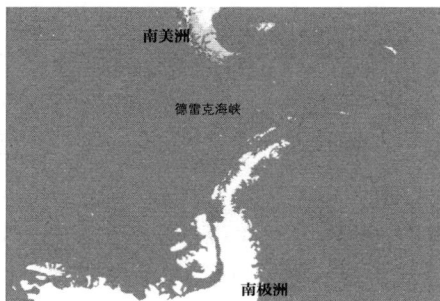

以我的名字命名的海峡——"德雷克海峡"。

好了，地理大发现到此暂停。我可不是地理学家或航海探险家。下面我要干赚钱的主营业务了。北上，北上，到西属美洲的太平洋沿岸去洗劫商船吧！

国王的宝藏

我的舰队在肆虐的风暴中早已失散，只剩下一艘"金鹿"号孤零零地飘荡在敌人的领地。不过西班牙人万万料想不到在太平洋沿岸会有海盗船游荡，港口、船只、军官、士兵、居民……都

---

① 最大的岛即现在的火地岛。
② 即现在的合恩角。
③ 德雷克当时还不知道在更南方还有一片大陆，即南极大陆。后人将南极大陆和美洲大陆间形成的海峡称之为"德雷克海峡"，以纪念德雷克的首次发现。德雷克海峡是世界上最宽最深的海峡。

没有防备我们这些不速之客。这正是逮大鱼的机会。

绕过南端的海峡后，我的舰队仅剩一艘"金鹿"号在太平洋沿岸游荡。

瓦尔帕莱索港①是第一个牺牲品。当我的水手们登上一艘军舰时，西班牙人还以为是无害的商船过来"联欢"呢。我用弯刀向西班牙军官致敬，他们很干脆地投降了。几乎不费一枪一弹，我们就占领了这个港口。按照约定，我同意部下在这里大肆洗劫了3天。每一所房屋，每一幢仓库，甚至教堂的密室也被我们翻了个底朝天。看着沉甸甸的装满黄金白银的箱子，每个人都兴高采烈。这是出发1年多来第一次获得财宝，也证明了我的攻击策略行之有效。"金鹿"号一扫颓气，士气高涨，因为我允诺将有更多的财富等着我们去收获。

① 现今智利中部的一个港口城市。

一路北上，我们又做了几笔小生意，虽然抢到些银币，可是一直没有捕获到大猎物。看着又变得空荡荡的船舱，我也渐渐焦急起来：这样下去可是要亏本啦。就在我一筹莫展之时，上帝的眷顾再次不期而至。在袭击利马的一处港口后，我从俘虏口中得知有一艘名叫"卡卡佛哥"号的运宝船3天前刚刚离开港口。没有迟疑，我下令"金鹿"号立即出发追赶"卡卡佛哥"号，同时宣布第一个发现猎物的水手将额外获得一根金条作为犒赏。凭着多年经验培养出来的直觉，我预感到这艘船是真正的宝藏。

1579年3月1日，正当我的弟弟约翰·德雷克当值瞭望时，他发现了"卡卡佛哥"号出现在前方的地平线上。只见它的船体深深地压入海中，即使船帆被风吹得鼓鼓的，前行也显得十分费力。我都已经嗅出空气中飘散着黄金的迷人气味。

水手们摩拳擦掌，眼睛里几乎喷出火来，纷纷央求我加快航行追上"卡卡佛哥"号。不过耐心是一种美德，只有压制住冲动才能确保成功。如果就这么大大咧咧冲上去，很快就会引起"卡卡佛哥"号的警觉，反而多生事端。于是我下令将几十个罐子装上水，系上绳子投入海中。这样罐子将拖慢"金鹿"号的速度，并让"金鹿"号的行驶显得十分笨拙，这样猎物就会误以为"金鹿"号只不过是一艘由菜鸟驾驶的普通商船。

两艘船就这么慢腾腾地航行。不知不觉中，"金鹿"号逐渐逼近到"卡卡佛哥"号船舷边。突然"卡卡佛哥"号上一声炮响，吓了我一跳。原来这是西班牙人在鸣空炮致敬。于是我也下令开炮向那位绅士船长回礼，还多加了几颗实心炮弹以显示诚意。接着在我的鼓声中，水手们一拥而上，登上了"卡卡佛哥"号的甲板。可怜的"卡卡佛哥"号毫无防备，其船长还没来得及警告甲板下的同伴，就被我们俘获了。

当我们打开"卡卡佛哥"号的仓库时，所有人都惊呆了。黄灿灿、亮闪闪的贵金属几乎刺瞎了我的双眼；硕大的木箱里堆满了宝石和金币。一些人抱着木箱，喃喃着上帝的圣名，含着热泪去亲吻这些财宝。哼，我从来没发现他们在上教堂的时候有这么虔诚。

噢，我爱死这些金子了！

经过一夜不眠不休的清点，我们的收获是：80 磅黄金，26 吨用 80 磅模具铸造的白银，还有大量宝石、金币和一些从原住民手中抢来的工艺品。其中绝大部分是西班牙国王菲利普二世的私人财产。"卡卡佛哥"号船长德·安东十分气愤，咒骂我是白天偷窃、晚上祈祷的魔鬼。是的，对西班牙而言，我就是魔鬼，复仇的魔鬼。我只不过是拿回 1568 年在圣胡安港损失的财产加利息而已。

我们花了 6 天的时间才将这批宝藏全部转移至"金鹿"号上。所有的压舱物都抛进了海里，为金银腾出空间和载重。可以返航了。

可是当船员们憧憬着在伦敦花天酒地的时候，我却紧锁眉头。回去，怎么回去？

———————————

① 1 磅约为 0.45 公斤，80 磅约合 36.3 公斤。

我把智利和秘鲁的太平洋沿岸搅了个天翻地覆。西班牙舰队一定在到处捉拿我。鉴于麦哲伦海峡是我回家的唯一通道[1]，他们准会在那里布下天罗地网等我就范。上帝既然赐予了我财富，也一定会给我机逃出生天。我决定继续北上。我相信美洲北部一定存在另一个未被发现的，连接太平洋和大西洋的海峡。这个在水手们中间广泛流传的"阿尼安海峡"[2]，也许压根就是一个传说，因为谁也没有活着回来亲口讲述过。但这是我最后的机会。如果能够发现这条航线，我们不仅能够避免遭遇西班牙舰队，安全返回英格兰，而且在日后的劫掠中，还可以利用新航路自由进出太平洋，袭击西班牙商船。

此后的航行完全是凭感觉。我没有任何海图可以参照，这片全新的海域恐怕连西班牙人也不曾勘测。直到"金鹿"号被团团浓雾和浮冰包围时，我才发现竟然已经到达了北纬49度[3]。我们已经不间断航行了50天，食物淡水几乎耗尽，船体也急需维护。可臆想中的海峡了无踪迹，而继续向寒冷的北方前进就等于自杀。船上的气氛渐渐不安起来。世界上最悲惨的事情无过于守着巨额的财富却饥寒交迫而死。

俗话说"条条道路通罗马"，只不过有些是通途大道，有些是荆棘小路。事到如今，如果没有捷径，我还有一条出路：横穿太平洋，从地球的另一端回去。

①虽然德雷克海峡得名于德雷克，但这里终年狂风大作，还有大量浮冰出没，通航条件甚至比麦哲伦海峡还差。因此，德雷克并没有完整通行该水域。此后，德雷克海峡在很长时间内，并未成为连接太平洋和大西洋的水道。

②所谓"阿尼安海峡"并不存在，很可能是当时人们将其同后来发现的白令海峡弄混淆了。白令海峡是连通北冰洋和太平洋的航道，如果德雷克一意孤行，那么后人就可以在阿拉斯加附近海底寻宝了。

③大约在温哥华附近。

环球航行

以那时来看，历史上唯一一次成功的环球航行发生在 57 年前。最后活着回到欧洲的只剩下 18 个人，并且航行的领导者麦哲伦在途中就死了。当我把计划告知全体船员时，所有人都吓傻了。然而这么一个看似异想天开的方案，实际上经过了我的深思熟虑。北方有肆虐的暴风雪，东方是无法逾越的陆地，南方埋伏着虎视眈眈的西班牙战舰，只有西方太平洋向我们敞开大门。要回到东方的英格兰，却要往西方前进，这是上帝给我的另一次启示和考验么？

1579 年 6 月 5 日，"金鹿"号终于找到了一处合适的天然港口。我们在这里休整，为横渡太平洋做最后的准备。陆地上的原住民看到我们后十分惊奇，他们对我们所有的物品都爱不释手。我只用几把劣质的弯刀就换回了一大批水果和食品。从南部美洲一路过来，土著见到白人就攻击，他们把我们当成了西班牙人来报复。西班牙人在这片土地上屠杀了不知多少印第安人，毁灭他们的城市，奴役他们开采银矿。虽然被西班牙人欺凌的土著状况十分悲惨，犹如生活在地狱中，不过作为异教徒终归要下地狱，现在习惯习惯也好。

看来西班牙人还没有来过这里。我是第一个踏上这片土地①的欧洲人。于是我将这里命名为"新阿尔比恩"②（Nova Albion），这是拉丁语中代表"新不列颠"的意思。

---

① 关于德雷克登陆的精确地点，这个情报一直作为最高机密保存在英国的档案馆，但 1698 伦敦白厅的一场大火将所有资料付之一炬。20 世纪有人在加州海岸发掘出一块铜牌，上面刻着德雷克拥有这片土地的宣言，后经证实这个铜牌只是个彻头彻尾的假货。

② 位于今美国加利福尼亚州。

我登上了"新阿尔比恩"的土地，这是一片神奇的原始地域。

7月23日，"金鹿"号装满足够的给养后，离开了女王的新领地，踏上了太平洋之旅。我不知道这段路途将有多长，需要花费多长时间，途中是否有稳定的信风和海流，是否有可以停泊的岛屿……太多的未知横亘在面前。"金鹿"号乘风破浪一路向西。沿途只有茫茫大海，没有见到一块陆地，没有见过一个活人，没有见到一片绿叶。直到整整 68 天后，我终于在地平线上见到了一座岛屿。通过与当地土著比比划划反复交流，我估计这里是密克罗尼西亚群岛，看来已经到达了西太平洋。

很快我又有了一项重大发现：香料群岛①。这里是葡萄牙人的禁脔。他们控制了欧洲同亚洲的香料贸易，而香料群岛就是他们的货源所在地。葡萄牙人千方百计试图掩藏香料群岛的确切位置，控制印度洋航线，不让其他欧洲国家染指这项贸易，却哪里料到我从另一个方向到来。女王一定会很高兴这个意外的收获。

通过连哄带骗，我从当地人那里收购了 6 吨丁香、胡椒、桂皮和肉蔻。在欧洲，香料的价值就是等重量的白银。看着"金鹿"

① 属于现在印度尼西亚东北部岛屿。

号的吃水线下沉到极限，我才让水手们停止装船。

　　也许上帝要惩罚我们的贪婪，1580年1月9日，吃水过深的"金鹿"号在西里伯斯海①撞上了珊瑚礁。船体当即搁浅，并向礁石倾斜。为了减轻重量，我命人抛弃了2门大炮和一些弹药，仅保留了最低限度的食物，接着又咬牙扔掉了3吨香料。我跪在舱室里默默祷告，允诺只要能够脱身，我愿意奉献所有财富求得上帝的宽恕。10日傍晚，风向突然改变，竟然将"金鹿"号缓缓吹离礁石。沉重的"金鹿"号重新回到深海中。

　　余下的航程虽然艰苦漫长，但总算有惊无险。1580年3月，我们经过爪哇岛进入印度洋，并于当年6月绕过非洲的好望角重新回到大西洋，然后经过西非塞拉利昂和佛得角群岛，于9月26日回到普利茅斯。

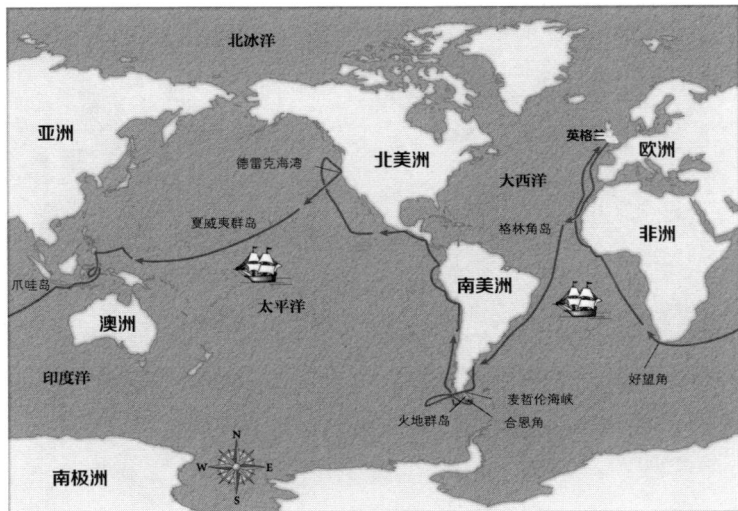

绕了好大一圈，我们终于回到了普利茅斯。

————————
① 现菲律宾棉兰老岛西南。

"伊丽莎白还是女王么？"我问前来检查的海关官员。

"当然啦。你们这些乞丐，从哪里来的？"官员看着破破烂烂的"金鹿"号，不屑地问道。

"3 年前就是从这里来的。"我讥讽地看着他，递上一张价值20 万英镑[①]的货物清单。

我给女王的投资带来 4700 倍的回报，这几乎是王室一年的财政收入总和。

虽然朝野内外对我的评价毁誉参半，西班牙大使更是叫嚣要砍我的头，但女王还是单独接见了我，甚至亲临"金鹿"号，册封我为爵士。当那柄镀金的宝剑垂落在我的肩头时，我完成了从"海盗"到"绅士"的华丽转身。

谁能料到，我一介海盗，还能荣升爵士呢？

① 约合现在的 2700 万英镑。

军事会议

在我私自离开战场，返回英格兰卸货的日子里，无敌舰队一直没能找到机会控制怀特岛锚地，只能顺着风向飘到了法国加莱附近。西班牙人必须停下来了，不仅这里是等待帕尔玛公爵的步兵军团的最后地点，而且无敌舰队经过多日战斗损失，补给早已消耗殆尽，亟待法国方面提供军需。其实无敌舰队本不至于如此狼狈，只是由于总金库和军需船"圣萨尔瓦多"号因自爆而在7月22日被俘，导致西多尼亚公爵手上缺吃少药、弹药无几，就连计划登陆后就发放的军饷也发不出来。吃不饱肚子，军饷又没着落，无敌舰队的士气一定很低落，恐怕就算教皇来助威也无济于事。

英格兰舰队针锋相对，落锚停泊在距无敌舰队仅仅半里格的地方，严密监视着敌人的一举一动。我也及时归队。私掠财宝不打紧，万一被政敌一口咬定为临阵脱逃，罪名可就大了。

1588年7月28日，这是个礼拜日。当我正在舱室里独自祈祷，感谢上帝在多次冒险活动中对我的眷顾时，大副过来说道："阁下，霍华德司令召集高级军官开会。"

我知道由我一手策划的攻击方案将要实施了，最后的决战就要开始，决定命运的时候到了。

我刚登上总旗舰"皇家方舟"号，一个洪亮的声音喊道："德雷克，干得不错啊！"

虽然过去了许多年，但每次听到这个熟悉的声音，我都不自觉地有些尴尬。我借着抛回舷梯的机会整理了一下情绪，然后挤出一个笑容，转过身道："霍金斯表哥，打西班牙人真他妈带劲。"

20年前，当我在圣胡安岛遗弃困入绝境中的霍金斯表哥时，万万没有料到他竟然也成功脱身，安全返回英格兰。好歹是一个家族的亲戚，霍金斯倒不计前嫌，一如既往地支持我的海盗工作，还直接投资了我的2次独立航行。虽然我对不住霍金斯，但后来我给他赚回的钱应该足够洗脱我的不义吧！

自从在圣胡安岛差点丢命后，霍金斯也发誓要向西班牙人复仇。不过他采取了一条不同的路径：做官。他先后担任了海军财政总监和军需总监，改革了英格兰军舰的设计建造。其实不客气地说，英格兰舰队真正的灵魂就是霍金斯和我。他是幕后策划的重要领导，我是一线作战的直接指挥。霍华德司令仅仅是凭借大贵族的血统才得以掌管舰队，跟西多尼亚公爵一路货色。不过好在这老头儿对我言听计从，充分信任我，因此我们的关系还不错。

当霍金斯和我进入总司令会议室时，其他分舰队的指挥官都已经到齐了。看到我进来后，原本叽叽喳喳的房间突然安静下来。大家向我投来不友好的目光。我当然心知肚明，这些家伙嫉妒我独吞了"罗萨里奥"号上的5.5万达克特金币。这些臭小子，有本事自己去抢啊，老子拼命得来的战利品凭什么跟你们分？

霍华德看着气氛不对，赶快出来打圆场："现在讨论德雷克司令的作战计划。计划中的火船估计最早周一才能到达。诸位有什么建议？"

没错，"火攻"就是我的策略！

无敌舰队如果一直停留在加莱，对我们将是一个巨大的威胁。法兰西总督戈登是天主教神圣同盟的拥趸，这两天加莱城堡同无敌舰队之间的运输驳船往来不断，我们绝不能坐视西班牙舰队从容补给。至于帕尔玛公爵的陆军，我们和无敌舰队都不知道他们现在在哪里。但我只能假设这支精锐大军随时可能同无敌舰队汇合，因此必须尽快驱赶无敌舰队。而对于这支静止、密集排列的庞大舰队，火攻是最好的选择。

原计划由"羚羊"号返回多佛收集渔船、沥青、木薪来制造火船。但是动作太慢，等它回来早没戏了。

我斩钉截铁地说："今晚必须发动攻击。强劲的西南风可能还会持续到半夜。我们的阵位处于非常有利的上风位。况且明天西班牙人会不会变换锚地也很难预测。如果今天还不进攻，我们很可能丧失战机。"

"可是没有火船啊？"霍华德司令反问。

"用现有的船改装成火船。"我果断道。

可是战舰是宝贵的财产，就这么烧掉太可惜了。大伙儿一下子都没有吱声。

我打破沉默说："我自愿提供 1 艘我个人的，再从我的支队中提供 4 艘战舰。"

"我也提供 1 艘。"霍金斯附和道。

看到两个大佬慷慨奉献，其他人自然也不能反对，最后一共凑齐了 8 艘 90 至 200 吨的船执行任务。它们分别是："巴克·塔伯特"号（Bark Talbot）、"托马斯"号（Thomas）、"希望"号（Hope）、"巴克·邦德"号（Bark Bond）、"小熊"号（Bear Yonge）、"伊丽莎白"号（Elizabeth）、"天使"号（Angel）和"治愈"号（Cure）。

对于我们这些老海员而言，舰船就是我们安全的家和可靠的伙伴，更是宝贵的资产。虽说心里一万个舍不得，但为了大局，只能牺牲局部利益了。我发誓，战后一定要找财务大臣索赔。

火攻

在战争中利用"火"攻击敌人是经济实惠、事半功倍的好主意。但同时火也是难于控制的危险武器，玩砸了不仅不能"火烧千军"，反而变成"引火烧身"，这就太糗了。

在拜占庭帝国时代，阿拉伯的哈里发从海上攻打君士坦丁堡。正是以一种称之为"希腊火"的秘密武器将阿拉伯海军几乎全部焚毁。"希腊火"不便控制，而且配方早已失传，如今我们有威力更强大的"地狱纵火者"（Hell-Burner）。

这个响亮的名号来自于 3 年前的安特卫普攻防战。荷兰的新教徒用这种火攻船狠狠教训了西班牙军队，而当时西班牙的指挥官正是如今的帕尔玛公爵。发明这种令人胆寒的武器的是一个叫詹贝里的意大利人，正巧他现在正为伊丽莎白女王效劳，自然我也学会了改装舰船的技巧。

会议结束后，所有人立即行动起来。船上的贵重物品和不能燃烧的物品都卸下。由于没有柴火和油脂做引燃物，只好再将其他战舰上的可燃物转移上去。火药自然少不了，甚至连黄油和干牛肉也不放过。宝贵的大炮也没有时间转移了。于是我命令在所有炮中都填装双倍火药和炮弹。当大炮引线被烈火点燃后，可以自动发射，增加敌舰队混乱程度。大量火药安置在船舱内，这样可以制造威力巨大的爆炸，并将燃烧的木片抛向敌舰。所有风帆和索具则一概保留，这样火攻船可以加速冲进无敌舰队的阵中。

当我满意地看着这队"地狱纵火者"整装待发时，瞭望哨报告无敌舰队突然起锚了。我大惊失色，赶忙命令继续监视敌军动态。不可能啊，在尚未与帕尔玛公爵汇合，尚未完成补给之前，西多尼亚公爵怎么会公然违背菲利普二世的命令，擅自离开呢？

果不其然，无敌舰队只是向后退了一点点，在前卫处增加了一道由一些小型舰船组成警戒线。看来西多尼亚公爵还是对火攻有所防备。行动指挥官约翰·杨焦急地问我，是否要取消计划。

当然要继续。我并不指望火船能够对无敌舰队产生实质性的损害，而是期待能对其产生巨大心理打击。经过 1 个星期的战斗，无敌舰队且战且走，损失惨重，弹药告罄，援军迟迟不来，登陆作战一推再推。现在正是他们士气最低落的时候，如果能再加上一把火，很可能使他们最后的战斗意志也崩溃掉。

午夜悄悄地来临。阴风四起，满月在乌云遮蔽下时隐时现，正好是大潮的日子，风向也很有利。8 艘"地狱纵火者"悄悄地起锚顺风顺潮向无敌舰队驶去。控制火船的海员须在最后一刻点燃船只，并用绳索固定住船舵后，才能跳到船尾的小木船上逃命。

漆黑的海面上突然闪出一团火光，一个接一个，最后 8 团火球从海面上腾起，以密集的阵型冲向敌人。

无敌舰队的警戒船首先发现了危险，拼命向最大的 2 艘火船靠拢，并试图拢勾住火船，阻止其前进。黑暗中我看不真切，也许他们成功了，2 艘船偏离了航线，从无敌舰队的侧面绕了过去。但剩下的 6 艘火船如入无人之境，突破警戒线，在此起彼伏的爆炸声中，一头钻进无敌舰队之中。

看哪，这壮美的海上火焰！

最后的战斗

当黎明来临时，我愕然发现昨晚的停泊点上只剩下 7 艘敌舰，剩下的敌舰被海风吹到了加莱和敦刻尔克之间的格拉维利斯（Gravelines）海域。无敌舰队已经七零八落，不成阵型了。西多尼亚公爵的旗舰"圣马丁"号上不断鸣炮、升旗甚至放下小艇，试图将吹散的战舰重新聚拢起来。然而他们企图在短时间内重新组成半月阵型是不可能的，尤其是还要面临我们的追击。

事后我才知道，西班牙人看到火船突破警戒线后，纷纷砍断主锚逃逸，将主帅"按次序疏散"的命令扔到了脑后。等火船的威胁消失后，这些仅剩副锚的战舰却无法在强劲的海流和大风中停泊，因此整个舰队就这样稀里哗啦散了架。

尽管火船没有直接引起连营大火，但由于阵型被破坏，敌舰只能各自为战，而英格兰战舰却可以抓住机会各个击破，再次发挥大炮的威力，杀伤敌人。

霍华德司令首先发难，他带领一半的战舰开始围攻"圣洛伦索"号（San Lorenzo）。这艘敌舰在前几天的战斗中失去了主桅杆，现在它的轮舵似乎又被锚索缠住，动弹不得。霍华德派遣士兵登舷，经过一番苦战后，击毙敌舰指挥官蒙卡特，才最终拿下了"圣洛伦索"号。

霍金斯和我则率领另一半主力追击落单的"圣马丁"号等舰。经过 1 个星期的持续战斗，我们的弹药已经十分匮乏。为了提高命中率，最大限度地发挥大炮的火力，我命令各舰在尽量接近敌舰后再开炮。如果是在几天前，我是万万不敢靠近敌舰，领教他们的重炮的。但是这一刻，无敌舰队的弹药已经耗尽，没有炮弹的重型加农炮同压舱物无异，我大可从容攻击。

整整一天，我们紧紧尾随着"圣马丁"号集团，利用英格兰舰船控制灵活的优势，在敌舰中穿插，时而左舷时而右舷，不断向敌舰发射炮弹。有时候双方的距离甚至近到不到滑膛枪的一半射程（50 米左右），乃至可以听见西班牙人喊话。我们的卡菲林炮远程攻击威力不佳，但在如此近的距离上却足以大量杀伤敌舰甲板上的人员。

　　笨拙的敌舰几次三番企图勾住我方战舰，然而得益于英格兰水手灵巧的舰船掌控技术和新式战舰设计，西班牙人根本没有机会跳帮肉搏。这里我必须感激亲爱的霍金斯表哥，正是作为海军政务官的他督造了这些新型战舰。这种战舰增加了大炮的数量，船型更加细长便于操纵，削减了船首楼和船尾楼的高度和体积。刚开始很多守旧的人认为这种改造使战舰看上去低矮纤细，远比不上西班牙战舰高大威武。可是我知道海战的未来将是大炮和机动。老式战舰高大的船楼不利于战舰的稳定和移动，而且也没有足够的火炮。英格兰战舰一系列的改造优势终于在这场战斗中显现无疑。

庞大笨重的西班牙战舰敌不过我们灵活机动的英格兰战舰。

　　激烈的战斗一直持续到下午 6 点。无敌舰队三三两两向佛兰德海岸方向溃退。再这么打两小时，无敌舰队要么被我们围歼，要么撞到海岸搁浅。可是突然刮来一股狂风，掀起了阵阵狂浪，紧接着又下起瓢泼大雨，迫使我们停止追击。加之我舰的弹药也所剩无几，只好放任无敌舰队退出战斗。

　　这一天的战斗结束后，无敌舰队一共损失了 7 艘 500 吨级以上的大船，而我方战舰无一重创；而且伤亡也很轻微，仅仅 1 名舰长和几十个水手阵亡。怎么看这都是一次重大胜利啊！

最不幸的"幸运舰队"

　　7 月 30 日，无敌舰队消失在了英吉利海峡的海面上。

　　经过一系列战斗，无敌舰队除了损失惨重、补给短缺之外，还错过了同帕尔玛公爵会师的机会。此时他们要么重新返回海峡，一边战斗一边等待迟迟未到的陆军；要么向西北航行，绕道北海，然后绕过爱尔兰返回西班牙。很显然他们放弃了入侵计划，准备全身而退。

　　后面的故事我也是很久以后才知道。

　　经过 7 月 29 日的战斗，西班牙人的士气已经濒临崩溃，多艘舰船甚至不肯服从命令，西多尼亚公爵不得不逮捕了 20 名指挥官，还绞死了 1 名，才勉强控制住局面。

　　无敌舰队在返航途中又遭遇到了恶劣天气，总计有 19 艘损毁，另 35 艘不知所踪。

　　更不幸的是那些因船只失事而在爱尔兰海岸逃生的西班牙水手们。我们的英格兰驻爱尔兰总督菲茨·威廉铁石心肠，除了留下高级军官等着要赎金外，将俘虏的余下西班牙人一律处死。这家伙比我们海盗还心狠手辣啊!

当无敌舰队惨败的消息传到菲利普二世耳中时,他面不改色地说:"应该感谢万能的上帝,使我有这样的权利,只要愿意,就能重新组建新的舰队,进行新的远征。只要水源不干,就算流水阻断,也没什么大不了。" 稍后他又放出话来,就算融化掉西班牙的金银餐具和烛台,也要重建无敌舰队。

哼,那你就来吧。一个新帝国的崛起已势不可挡。她犹如一轮红日,即将跳出地平线,而之后她的光辉将照耀所有的海洋和大陆,永远不落。

（本篇完）

◉ 本篇背景介绍

1588 年西班牙无敌舰队的远征只是英西战争的第一次正式交锋。其后西班牙又先后 4 次重新组织了无敌舰队。战争历时 15 年之久，直到 1603 年双方才缔结和平条约。至此英国及其盟友荷兰才完全掌握了英吉利海峡的制海权。击败西班牙人的入侵，不仅保卫了英格兰本土，更重要的是使英国意识到只要拥有制海权，即使是人口和资源都不足的小国也能够掌控大量海外领土、控制贸易。而贸易，正如沃尔特·罗利爵士的名言所说："控制海洋即控制世界贸易，而控制贸易就是控制世界的财富，即控制整个世界。"这才是英国崛起的真正内涵。

而德雷克的传奇一生则集中体现了大航海精神。正是从 15 世纪开始，哥伦布、达伽马、麦哲伦、库克、白令等一代代留名千古和更多没能留名的航海家的努力推动了西方世界的崛起。抛开这些人的殖民主义不谈，也无须替他们罩上浪漫主义的光环，西方人在地少人稠的欧洲开拓出一条崭新的道路来，确实是人类历史的一个奇迹。如今大航海浪潮连同地理大发现早已结束，但敢于冒险的航海精神却在西方社会，尤其是海军体系中一代代传承下来。德雷克确实是这种精神的集中代表。

◉ 本篇主要人物生平

弗朗西斯·德雷克（Francis Drake）

　　德雷克出身贫寒，从小就在海船上谋生，有着丰富的航海经验。

　　自1588年战胜无敌舰队后，德雷克达到了个人生涯的顶峰。他有钱、有势、有名望，本可以老老实实地待在大庄园里，享用几辈子也花不完的钱。但1595年，在陆地上当了6年的旱"海狗"后，他那颗不羁的心又骚动起来。已经55岁的德雷克开始怀念澎湃的大海和九死一生的冒险旅途。正巧伊丽莎白女王正计划一场对西班牙的新攻势，即派遣远征军在美洲登陆，洗劫西班牙殖民地。

　　听到这个消息，已是英格兰"大众英雄"的德雷克和表哥霍金斯自告奋勇，联手再闯美洲。这时离德雷克上一次美洲冒险已经过去了17年。也许德雷克和霍金斯这两个海盗头目天生就不适合一起冒险。这一次远征同他们第一次合作一样，以失败告终。霍金斯在1595年12月病死。2个月后，德雷克染上了痢疾，也死在了海上。舰队给他举行了隆重的海葬。他的遗体被装在一个包铅的棺材里，在炮声和号角声中沉入海底。

德雷克的海上葬礼。

　　德雷克生前死后极尽荣宠，由于同女王关系紧密，民间称呼他为"女王的海盗"；而伊丽莎白女王也因为大量借助海盗力量巩固政权，被称为"海盗女王"。这对君臣共同创建了都铎王朝的"黄金时代"。

　　德雷克是一个个性鲜明，但善恶模糊的人。他无惧艰险、勇往直前而不失精明狡黠。在英国人眼里，他是救国保家的天使；在西班牙人眼里，他却是十恶不赦的恶魔。近代的英国给予他莫大的荣誉，而现代的道德却不齿他的海盗行径。他为后来英国皇家海军的建立奠定了基础，很多近代海军先进的战略战术和英国海军传统皆源自于他；而同时，他的私德确实令人担忧，他为了钱几乎没有道德底线。

　　海盗、私掠船主、海军将领、爵士、市长、议员，不论或褒或贬的头衔，德雷克还是那个敢打敢冲的德雷克。笔者不对德雷克做道德评价，仅仅描述他传奇的一生罢了。

约翰·霍金斯（John Hawkins）

虽然和德雷克是同一个大家族的成员，霍金斯却成长于一个富裕的商人家庭，其父曾担任两届普利茅斯市长。1554 年他接替了父亲的事业，在从西班牙到加那利群岛之间的地带从事贸易活动。稍后他迎娶了一个富家小姐，其岳父本杰明·戈申不仅有钱，还有很大的政治影响力。1578 年戈申死后，霍金斯接替他担任海军财政总监。

作为典型的"富二代"，霍金斯积极进取，是英格兰最早开展"三角贸易"的商人。虽然手上沾满了黑奴的鲜血，但霍金斯却因大发横财而成为民众的偶像。

1564 年，伊丽莎白一世将 1 艘 700 吨的船直接投资给霍金斯的船队。这意味着他的行为得到了皇家和政府的认可。所谓春风得意马蹄疾，霍金斯在新一轮航行中，抢来了 400 多个奴隶并成功地贩卖到美洲，大赚了一笔。这次航行归来后，霍金斯还首次将新大陆的土豆和烟草引入了英格兰。

在同德雷克第一次合作的冒险失败后，霍金斯退居幕后，担任了海军财政总监的要职，还负责军舰的建造和维修事务，这几乎就是现代海军部部长的职权了。在此期间，霍金斯建造了一批新式的大型帆船，这些更快更灵活的战舰在同无敌舰队的战斗中，发挥了至关重要的作用，决定了最后的战局。

1595 年，霍金斯在同德雷克展开第二次合作，不幸因病死在波多黎各附近的海面上，终年 63 岁。

查尔斯·霍华德
（Charles Howard）

查尔斯·霍华德于 1536 年生于霍华德－埃芬厄姆家族。他的父亲是男爵，姥爷是公爵，表姐则是伊丽莎白女王。有这么好的家庭背景，想不飞黄腾达都很难。

早年他分别担任过驻法国大使和国会议员，1569 年曾率领骑兵镇压了英格兰北部的天主教徒叛乱。1585-1619 年，霍华德被任命为海军总司令。在此期间，他成功地击退了西班牙无敌舰队的多次进攻。霍华德本身并不熟悉海军，但他作为一把手，能够统筹舰队关系；能知人善任，充分信任德雷克及霍金斯等将领。所以，霍华德还是相当称职的领导。

1596 年霍华德自立门户，受封诺丁汉伯爵。1603 年，作为当年同女王一同开创黄金时代，如今唯一健在的老臣，霍华德在伊丽莎白女王弥留之际，一再追问女王其继承人为何人，直到女王确认由玛丽女王的儿子詹姆士·斯图亚特（即詹姆士一世）继位后才放心下来。所以，他也算是新王朝的顾命大臣了。

在詹姆士一世王朝，霍华德受命同西班牙和谈，并于 1604 年签订了《伦敦条约》，结束了近 40 年的英西敌对状态。1624 年，霍华德去世，终年 88 岁。在那个年代，人们能活到如此高寿是非常不容易的。

堂·阿隆索，第七代梅迪纳－西多尼亚公爵
（Don Alonso Pérez de Guzmán）

　　他4岁时父亲去世，9岁时祖父去世。这在普通家庭里通常是个悲剧，但对西多尼亚而言，似乎不尽然。他继承了长辈的财富和贵族头衔，成为欧洲最有势力的男人之一。

　　西多尼亚深得菲利普二世信任，35岁就被任命为安达卢西亚海岸地区军事长官，38岁时（即1588年）接替去世的老将圣塔克鲁兹侯爵，就任无敌舰队总司令。其后他的军事生涯却是一个失败接着另一个失败：1588年无敌舰队全军覆没；1596年防守加的斯港不利，导致港口沦陷；1601年登陆爱尔兰失败；1606年在直布罗陀，所率舰队被荷兰舰队击败。

　　平心而论，西多尼亚在无敌舰队第一次出征时并没有犯太多错误，其指挥也算有方，作战亦不能说不勇敢。无敌舰队的失败归根结底还是西班牙整个国家在战略上的错误和战术上的落后，这都不是一个临阵接班的指挥官能够解决的问题。但不管怎样，失败就是失败，至少说明他运气不好。须知运气对于一名将领而言，重要性不亚于才华。但菲利普二世就是看他顺眼，一直让他掌管海军，直到1619年去世。

圣塔克鲁兹侯爵（1st Marquis of Santa Cruz）

　　1526 年，他出生于西班牙南部的格拉纳达。侯爵的父亲曾担任西班牙地中海舰队的司令，所以圣塔克鲁兹年纪轻轻就进入了海军高层。他的从军记录相当不错，诸如打击海盗、封锁突尼斯、占领摩纳哥等任务皆顺利完成，因此得到了菲利普二世的器重。

　　1571 年，圣塔克鲁兹参加了勒班陀海战。这是一场天主教同伊斯兰教的对决。西班牙带领几个天主教国家战胜了正如日中天的土耳其帝国，可谓意义重大。当土耳其左翼舰队即将战胜天主教联军的右翼时，他指挥后卫舰队挺住了攻击并突破了土军战线，立了一大功。

　　1582 和 1583 年，圣塔克鲁兹连续 2 次击败法国舰队，夺走了大西洋要冲——亚速尔群岛，成为西班牙海军第一人。

　　1584 年圣塔克鲁兹上书菲利普二世，建议立即入侵英格兰。这个时候英格兰正处于内乱期间，毫无大战准备，如果他的建议能够被采纳，历史很可能改写。但直到 1586 年，菲利普二世才下定决心入侵英格兰。但是在准备期间，发生了德雷克袭击西班牙各港口的事件，严重打乱了战略部署。圣塔克鲁兹作为无敌舰队司令自然难辞其咎，备受压力。从 1587 年到 1588 年初，圣塔克鲁兹对于西班牙舰队的实际情况深感忧虑，一再建议推迟出发。但菲利普二世像着了魔一般，严厉督促圣塔克鲁兹尽快出征。在这样的压迫下，圣塔克鲁兹心力交瘁，于 1588 年 2 月 9 日（无敌舰队大军出发前夕）猝死。

德雷克的袭击和圣塔克鲁兹的死给无敌舰队后来的失败埋下了祸根。圣塔克鲁兹如果不死，无敌舰队就算不能成功入侵，也不至于全军覆没，对西班牙而言，这实在是非常大的损失和不幸。

圣塔克鲁兹在战略上积极进取；当情况不利时，在战术也能谨慎稳妥。而菲利普二世恰恰相反，在战略优势期（1584 年）没有决定进攻，在战略劣势期（1588 年）却强迫无敌舰队出征。名将如圣塔克鲁兹这样收发自如、进退有据，却没有遇上明君，也是令人扼腕啊！

帕尔玛公爵（Alessandro Farnese，Duke of Parma）

帕尔玛公爵同圣塔克鲁兹侯爵一样，在本文中是一个影子人物，并未正面出场，但其重要性一点也不亚于霍华德和西多尼亚。由于帕尔玛公爵尚未准备

好，导致西多尼亚带着舰队从英吉利海峡的西头飘到东头，等到花儿也谢了也没等到他那 3 万陆军，使得入侵英国的计划成为泡影。

帕尔玛公爵原名亚历山大·法尔内塞，出生贵族之家，其母亲是菲利普二世的同父异母姐姐，所以他的国王舅舅比较信任这个外甥。

法尔内塞在镇压联合省新教徒叛乱中开始展露政治军事才干。他首先利用联合省之间的内部矛盾，成功地争取到南部天主教贵族的支持，在 10 个州成立了"阿拉斯同盟"，这就是如今的比利时。作为反制，北部 7 个州也结成了"乌德勒支同盟"，于 1581 年宣布独立。因在这 7 个州中，荷兰州实力最强，处于领导地位，所以同盟称"荷兰联邦共和国"。本文中的火船"地狱燃烧者"最早是荷兰的安特卫普人在防御作战中投入使用的。安特卫普市民利用这种武器使法尔内塞损失了上千人。1585 年，法尔内塞率领大军攻克了荷兰的安特卫普港，并指示西班牙士兵洗劫了这座城市，不分男女老幼，屠杀 8000 多人，将安特卫普化作一片焦土。想不到 3 年后，英国人又用同样的手段使西班牙人蒙受更大的打击。

1586 年，法尔内塞继承了父亲的爵位，成为帕尔玛公爵。在无敌舰队出发后，他一直忙于应对联合省的叛乱，腾不出手来准备；而且他那驻守在弗兰德的陆军被荷兰海军封锁在了布鲁日，一马一卒都没能出发。

1589 年，法国国王亨利三世遇刺身亡，支持新教的亨利四世即位后，积极插手别国内政。于是帕尔玛公爵公开支持信奉天主教的吉斯家族。1592 年 4 月，在鲁昂围攻战中，帕尔玛公爵受伤，同年 12 月病死，年仅 47 岁。

菲利普二世（Philip II）

凭借哈布斯堡家族的优良血统，菲利普二世一上台就继承了广阔的领土，包括西班牙、尼德兰、西西里与那不勒斯、弗朗什孔泰、米兰及全部西属美洲和非洲殖民地。他统治着当时欧洲最强大的中央集权君主国。

菲利普二世的野心是建立一个"世界君主国"，因此他积极对外干涉，先是在勒班陀海战中战胜了土耳其，然后又强行吞并了葡萄牙。1554 年他还娶了英格兰女王玛丽一世，拥有了英格兰和爱尔兰的统治权。不过这桩婚姻有名无实。玛丽一世死后，新教的伊丽莎白拒绝了菲利普的求婚。宗教矛盾、经济纠纷，或许再加一点男人受伤的自尊，种种因素使菲利普二世同伊丽莎白一世结成了一对死敌。

菲利普二世死于 1598 年。在他的治下，西班牙处于最强盛的时代。即使无敌舰队惨遭失败，也无损于西班牙整体国力。但菲利普二世的战略却导致西班牙从此走向下坡。西班牙的强盛来源于对美洲的掠夺，而非财富创造；宗教战争除了耗尽国库外，并没有给西班牙带来经济利益。此时西班牙的强盛蕴藏着衰落的征兆，菲利普二世难辞其咎。

伊丽莎白一世（Elizabeth I）

原名伊丽莎白·都铎，是都铎王朝最后一位君主。伊丽莎白的父亲亨利八世在伊丽莎白 3 岁时将她的母亲处死，她的童年也从此结束，开始卷入到变幻莫测的政治斗争中。1558 年，伊丽莎白终于在宫廷中挺了下来，在 25 岁时登基。从此英国在她的带领下，渐渐从游离于大陆的一隅偏岛向着日不落的大英帝国迈进。

此时英格兰面临的最大问题就是新教与天主教之间的矛盾。伊丽莎白一世是新教徒，所以其在任期间面临着来自天主教联盟的敌视、本土叛乱和多达 20 多次暗杀。九死一生的伊丽莎白采取宗教宽容的政策，在一定程度上缓和了宗教对立；同时对叛乱分子也不手软，并于 1587 年处死了信奉天主教的苏格兰女王玛丽·斯图亚特。

伊丽莎白面临的第二个难题就是财政紧张。此时正是文艺复兴时期，距离后来的工业革命还早。英格兰没有拿得出手的商品充实国库，只好放任德雷克等私掠船主开展奴隶贸易、洗劫商船。正是这种不道德的行为反而孕育出日后不可一世的皇家海军。

有关伊丽莎白的第三个难题则是她的婚姻大事。全国人民乃至全欧洲人民都眼巴巴地盯着这个钻石剩女，甚至日后的死敌菲利普二世都曾追求过她。但伊丽莎白为了保持政治上的平衡，既不能嫁给天主教徒，也不能嫁给新教徒，所以干脆谁也不嫁，还能以待字闺中的身价得到民众的爱戴和忠诚，更方便活动。用丘吉尔的话说："她和臣民是长期调情的关系。"而伊丽莎白则说："我嫁给了英格兰。"

1603 年，70 岁的伊丽莎白逝世。在她执政的半个世纪里，英格兰开始在大国竞争中起跑，这个时期也被历史学家称为英格兰的"黄金时代"。

● 附：统治海洋的不列颠尼亚——英国皇家海军简史

人类的历史其实就是一部人类的战争史。人类的祖先从由非洲大草原出发到散布全球开始，就不得不同猛兽斗，同尼安德特人斗，然后部落跟部落斗，国家跟国家斗，最后自己跟自己斗得不亦乐乎。自有文明记录以来，战场上将星闪耀，不胜枚举，人们也津津乐道，但真正在战场上流血牺牲的由普通人组成的军队就没有那么吸引眼球，似乎只是名将的道具。

世界历史上横扫千军的部队也很多，但站在历史长河的大范围来看，往往是昙花一现，威风 50 年或 1 个世纪就很了不起了。比如拿破仑时代的法国陆军、比如大航海时代的西班牙海军等。

一个名将可以带一支军队打胜仗，可一支有着先进战术及光荣传统和精神的军队可以成就很多资质普通的将军。有着这样传承的军队并不多，英国皇家海军就是这样的军队。

研究英国皇家海军历史，需要先界定"英国"这个概念。首先英国的地理概念简直就是一团乱麻，英格兰、苏格兰、威尔斯、爱尔兰、北爱尔兰分分合合一直闹别扭。而英国的王朝历史更是曲折复杂。从"征服者威廉"建立的诺曼王朝开始算起，一直到现在的温莎王朝，也就不到 1000 年时间，期间就出了十代王朝（也有观点认为是八代），还夹杂着克伦威尔的共和国。这段时间英国国内阴谋内乱、战火四起，其朝代更替之频繁，比古中国有过之而无不及。但英国皇家海军不论疆界如何增减，王朝如何更替，其内在禀赋一直继承发展，并一脉相承至今。

追根溯源，英国海军的历史还要从 9 世纪的阿尔弗雷德大帝①开始。他建立了一支抵抗丹麦的海军，并赢得了胜利。但这支海军与后来的皇家海军缺乏实际的延续关系。在阿尔弗雷德之后，英国并没有建立常备海军或国家意义上的海军，这样一直持续到都铎王朝的亨利七世。

---

① 阿尔弗雷德大帝虽有"大帝"称号，但其并未拥有等同于亚历山大大帝和恺撒大帝的地位和声誉。

亨利七世时期，英国的社会制度正处于由封建主义向资本主义过渡期间，中世纪那种临时组建的舰队逐渐被正规的国家舰队所取代。为了鼓励贸易扩大和领土扩张，亨利七世开始着手建立真正意义上的近代化海军。这就是皇家海军的前身。其后的亨利八世投建了排水量超过 1000 吨的大型战舰"玛丽玫瑰"号和"大哈利"号，还将火炮装到了船舷两侧，这在当时都是新理念和新技术。

皇家海军第一次辉煌出镜就是本文中同无敌舰队间的战役。这场战役不仅在战略上粉碎了西班牙入侵英国的企图，在战术上创造了火炮同风帆战舰相结合的方式，摒弃了延续千年的接舷战，而且更重要的是开创了英格兰舰队的新气质，那就是：不畏强敌，先敌进攻。

伊丽莎白一世时期也是英国海军战略的形成期。英国在英法百年战争中几乎失去了所有在欧洲大陆的领地，至 1558 年，在大陆的最后一个堡垒加莱也丧失了。这么一件倒霉的事情反而成就了英国海军。至此英国认识到保卫不列颠的最后也是唯一一道防线就是英吉利海峡。因此一心一意建设海军成了英国延续不断的国策。那些陆续出现的大陆强国，如西班牙、法国、德国等，其国家必须以陆军为主，海陆共建，不免分散了力量。而相比之下，英国则更能够集中精力发展海军。同时英国对海权的理解和运用也领先于其他诸强，强调主动出击，将敌舰队压制于港口。

击败西班牙后，为了争夺海上霸权，英国在 17 世纪同昔日的盟友荷兰先后展开了 3 次战争。英国最后艰难取胜。皇家海军在战争中不断完善组织机能，并开始走向正规化。其战略任务也逐渐明晰，即保卫英国本土，维持欧洲大陆的势力均衡，保护和扩大英国的海外殖民地及其贸易。

皇家海军的正式命名还是在 1660 年斯图亚特王朝复辟后。查理二世为了扫除克伦威尔共和国残党，笼络人心，授予了这支海军"皇家"称号，从此英国军舰的正式名称前都要加上"HMS"三个字母，即"His Majesty Ship"或"Her Majesty Ship"的首字母，意为"陛下的战舰"。

到了 18 世纪，英国霸权开始面临来自法国的挑战。这期间海上出现了全新的巨无霸舰种"战列舰"，多达 100 门以上的大炮密密麻麻分布在多层甲板的侧舷上。海军战法也开始固定下来，即排成一字纵队，用舷炮对轰。在 1805

年的特拉法加海战中，皇家海军凭借优良的技战术水平和司令官纳尔逊勋爵创造性的"混战"战法，一举歼灭法国海军，为后来的"不列颠霸政"（Pax Britannica）奠定了坚实基础。纳尔逊还将个人气质灌输于皇家海军之中，"独立作战，见敌必攻"的作战原则成为皇家海军的精髓。

到 19 世纪中叶，在维多利亚女王统治期间是大英帝国的巅峰，英国成了不可动摇的"日不落帝国"。随着现代工业的出现，老式的搭配实心弹丸的风帆木质战舰渐渐被淘汰，取而代之的是以蒸汽为动力的使用爆炸型炮弹的铁甲舰。到 20 世纪初，海上还出现了更先进的主力战列舰"无畏舰"，进而又发展到"超级无畏舰"阶段。海军建设成本变得越来越高昂。凭借英国的超强国力，皇家海军奉行"双强标准"，即英国海军实力必须等于世界第二、第三海军强国实力的总和。

然而由于长期称霸全球，缺乏竞争，皇家海军中也渐渐开始人浮于事，出现官僚气息浓厚、作战理念混乱等问题。与此同时，德国海军则开始崛起，其公海舰队大有赶超皇家海军之势。不过得益于约翰·费希尔将军以新技术对皇家海军成功进行的现代化改革，在第一次世界大战的日德兰海战中，皇家海军压制了德国海军，牢牢控制住制海权直到战争结束。可以说，德皇威廉二世耗尽国力建设的公海舰队在战争中几乎没起到作用。

但一战结束后，英国国力大减，再也不能保持其超级大国的地位，皇家海军一枝独秀的日子也到头了。根据《华盛顿条约》，各国须限制海军军备，在崛起的美国的压力之下，皇家海军不得不接受同美国海军实力并列第一的现实。其实就算是各家放开造舰，英国也已经赶不上美国的生产能力。皇家海军开始走下坡路了。

尽管如此，皇家海军还是为引领世界海军发展方向做出了巨大贡献。世界上第一艘真正意义上的全通甲板航空母舰就是在英国改装完成的。第二次世界大战期间，皇家海军于 1940 年利用"光辉"号航空母舰的舰载机成功地攻击了意大利的塔兰托港。这也是世界首例航空母舰在实战中取得战果。从此大炮巨舰退出历史舞台，以航空母舰为中心的新型海上作战方式延续至今。

其实，海战领域的很多新科技、新发明都是从英国起始的。但历史总是充满讽刺。如同丢失加莱反而成就了皇家海军战略一样，新科技的运用反而加速了皇家海军的没落。这是因为建设一支新式海军的成本如同无底洞，极其消耗国力。随着英国国力式微，皇家海军也越来越用不起自己发明的新东西了。正所谓祸兮福之所倚，福兮祸所伏啊！

冷战期间，海洋是美苏两国的擂台，皇家海军基本上插不上手。唯独值得一提的是 1982 年，英国人劳师远征，万里奔袭，同阿根廷干了一仗，成功收回马尔维纳斯群岛。皇家海军在这一战中功不可没，但也损失了"谢菲尔德"号导弹驱逐舰等舰。

进入 21 世纪后，因财政吃紧，皇家海军面临更为严峻的裁撤。现在，它唯一拿得出手的就是"前卫"级战略核潜艇和"机敏"级攻击核潜艇。皇家海军早已从一支全球性海军缩减成仅保留核威慑和航线护卫力量的区域性海军。

英国皇家海军有接近 500 年的历史。从伊丽莎白一世时代开始崭露头角，在维多利亚女王时代登上巅峰，在伊丽莎白二世时代走向没落。这三位在位时间都极长的女王见证了这支伟大军队的起伏。

正如皇家海军军歌所唱，这支军队的无畏气概、优良作风和创新精神，一直值得我们尊敬和研究：

混沌之初，上帝将不列颠安置于蔚蓝大海之上。

崛起，崛起，崛起于蔚蓝的大海，

这是与神的契约，守护天使齐歌唱：

统治吧！不列颠尼亚！统治这片海洋！

不列颠人永远都不会被奴役！

◉ 本篇参考资料

【1】提姆·特拉斯弗. 海盗史 [M]. 海南出版社，2010

【2】J·F·C·富勒. 西洋世界军事史 [M]. 广西师范大学出版社，2012

【3】石岛晴夫. 西班牙无敌舰队 [M]. 海洋出版社，1992

【4】克里斯托尔·约根森等. 图解世界战争战法：近代早期（1500 年—1763 年）[M]. 宁夏人民出版社，2008

【5】安格斯·康斯塔姆. 世界海盗全史 [M]. 解放军出版社，2010

【6】苏珊·罗纳德. 海盗女王——伊丽莎白一世和大英帝国的崛起 [M]. 中信出版社，2009

【7】叶元. 海盗：海上的峥嵘岁月与财富梦想 [M]. 外文出版社，2010

【8】夏继果. 伊丽莎白一世时期英国外交政策研究 [M]. 商务印书馆，1999

【9】D·豪沃思. 航海的人们：战舰 [M]. 海洋出版社，1984

【10】李晓泉. 幸运的终结 [J]. 舰载武器，2009.2

对马海战

时间：1905 年 5 月 27 日

地点：对马海峡，日本联合舰队旗舰「三笠」号

这次海战宣布了白人优越性的时代结束，

开创了历史的一个新纪元。

在欧亚这两个不同人种之间的不平等的时代已经成为过去，

将来白色人种和黄色人种将站在同一起跑线上。

——郝伯特·W·威尔森《战斗中的战列舰》

决定国运的选择题

联合舰队守候在朝鲜半岛南部的镇海湾临时基地已经有好多天了。我们什么也做不了，只有等待……等待不知何时到来的庞大的俄国舰队。

这支舰队其实是俄罗斯帝国的原波罗的海舰队。为了同原来的太平洋舰队区分开来，沙皇尼古拉二世将这支舰队更名为第二太平洋舰队，任命罗杰斯特文斯基中将为司令官。他们从拉脱维亚出发，奔赴 18000 海里之外的远东来增援第一舰队，共同对日本作战。不过由于俄罗斯第一太平洋舰队已经在旅顺被歼灭，所以俄国人不必再因为番号复杂，需频繁更改官僚文档而烦恼了。

1905 年 5 月 27 日凌晨 4 点。

从这个月 14 日在法属越南的金兰湾最后一次发现俄国主力舰队动向已经过去了 13 天，他们就算是爬也应该爬到了。然而联合舰队在各处设置的侦察舰仍然没有发现敌人。他们到底在哪里？

我们在"三笠"号舰船上紧张地等候着敌方舰队出现。

周围除了海浪拍打"三笠"号舰体的声音外，万籁俱寂；海面上只有负责警卫的探照灯光在四处晃动。整个联合舰队似乎进入了梦乡。可是我相信此时所有的军官都和我一样，躺在床上辗转难眠。本世纪，不，可能是从19世纪初特拉法加大海战以来最大规模的舰队决战一触即发，可帝国海军到现在还无法确认敌舰队将在何时何地以何种阵型出现。如此之煎熬，搞得舰队上下都神经过敏。舰队参谋长加藤友三郎少将竟然得了神经性胃痛，而被誉为日本第一参谋的秋山真之中佐也整天神叨叨的，完全失去了参谋应有的自信和沉着。此时此刻，只有一个人能够也必须稳定军心，那就是联合舰队司令官，也就是我——东乡平八郎海军大将。

既然睡不着，我索性穿戴整齐爬起来。舰队长官室里一片漆黑。我没有开灯，不能让官兵们知道他们的最高长官仍未睡觉。临战前最紧要的就是自信的状态，而长官尤其要压制住自己的焦虑。长官的一举一动无不被全体舰员看在眼里。这种暗示的力量无论正或负，都是巨大的。

我静静地坐在高背木椅上，眼睛却死死地盯着挂在墙上的日本及周边海域地图。

当然我什么也看不见，不过这无关紧要，这张地图的每一个细节犹如钢印一般早已刻在脑海中。我的目光从虚拟地图上的金兰湾开始游走。俄国舰队在这里完成加煤休整后，就开始了18000海里远征航行的最后一程，目标只有一个：符拉迪沃斯托克[①]。战前俄国在远东只有两个足以容纳大型舰队的海军基地：旅顺和符拉迪沃斯托克。当前旅顺已经陷落（感谢乃木希典这个疯子和笨蛋），所以符拉迪沃斯托克是第二太平洋舰队的唯一目的地。

[①] 即海参崴。明朝时为中国领土，划为沈阳府隶下，1860年11月14日清政府签订《中俄北京条约》将包括海参崴在内的乌苏里江以东地域割让给俄罗斯，俄罗斯将其命名为符拉迪沃斯托克，意为"镇东府"。

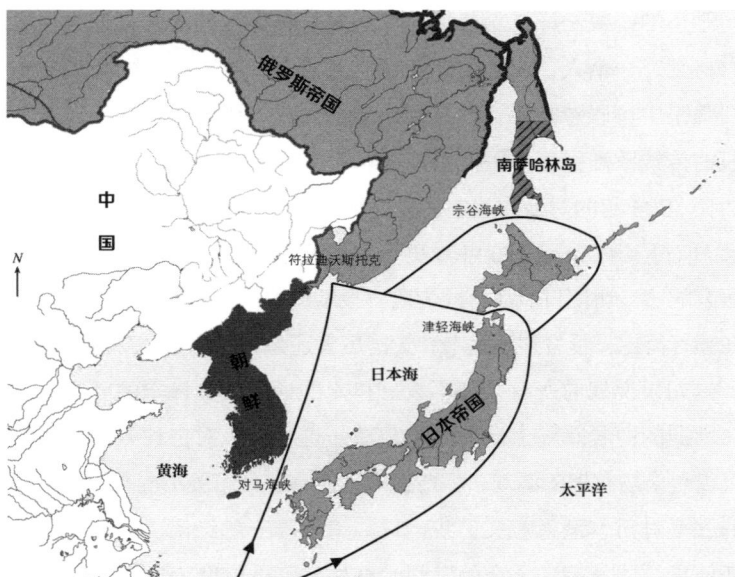

选择题：这里有几条俄罗斯第二太平洋舰队可能的航线，他们究竟会从哪条过来？

　　他们将沿着南中国海一路北上，穿越台湾岛和菲律宾群岛之间的海面，进入到太平洋。这一段路线是没有疑问的。之后俄国人将有两个选择，一条是向东绕过日本列岛，北上到达北海道，然后穿过宗谷海峡或津轻海峡，从东面进入符拉迪沃斯托克。另一条是经过中国东海，直接穿过朝鲜半岛和日本之间的朝鲜海峡或对马海峡，经日本海北上进入符拉迪沃斯托克。我不断地将脑海中的地图放大再放大，然后缩小再缩小。我既要洞悉细节，又要统筹全局。这所有的工作都是为了回答一个选择题，一个决定日本将成为战胜者抑或沦为殖民地的选择题：俄国人将从这两条路的哪一条前往符拉迪沃斯托克？

　　东北亚，这个被西方白种人视为世界尽头的远东地区，1年前在他们眼里就同火星一样遥远，这里的日本人、清国人、朝鲜人就同渺小的蚂蚁一样无足轻重。那些优越感极强的西方人怎么也没有料到，一个人口、面积、资源、工业、军事等综合国力指标在列强眼中可以忽略不计的蕞尔小国——日本，竟然敢向巨无霸一般的传统欧洲强国——俄罗斯帝国宣战。他们更料想不到日本竟然在1904年的对俄作战中连战连捷，攻陷了远东第一要塞——旅顺，取得了奉天会战的胜利，更令人惊叹地歼灭了俄国太平洋舰队。所有的这一切使日俄战争成为西方报纸的热门话题。全世界的人都在翘首待望，看看到底是老牌大国厉害还是新兴的日本更胜一筹。

如果说战前所有人都不看好日本的话，现在日本的胜率已经在欧洲的博彩赌局上提高到了50%。这场战争对白种人而言也许仅仅是一场有趣的游戏，但对日本人而言，则事关举国兴亡。50%的胜率对日本毫无意义，我们只能追求唯一的结果，那就是没有任何折扣的、完完全全的胜利。具体到联合舰队而言，那就是全歼新到的俄国舰队，就算有一艘俄国战列舰驶入符拉迪沃斯托克，也不是全胜。

难！太难了！

绝不可出错的选择题

也许有人无法理解，为什么预测俄国舰队航线会如此重要？也许有谁会说：就算俄国舰队安然进入到符拉迪沃斯托克，联合舰队也可以像封锁旅顺港一样，封锁符拉迪沃斯托克；或者哪一天双方互下战书，再到海面上用大炮对轰，一决雌雄。这样的问题，只有不了解日本国情的欧洲报纸才问得出来。

我从不怀疑联合舰队拥有世界上最优良的战舰、最优秀的官兵、最精良的训练，以及高效的下濑火药、完善的补给和高昂的士气，从战术角度来看，我们也许已占尽先机；但是从战略高度分析，日本犹如站在薄冰上同站在岸边的俄国熊作战。即使俄国熊倒下了，仅仅是摔痛而已，拍拍屁股还可以再爬起来；可日本倒下了，将陷入覆灭的寒冰深渊。

日本太小了，它的经济太脆弱了，任何一次战争的失败都会让日本永无翻身之机。也就是说，日本在赌博，用可怜的一点赌本去挑战一个赌本几乎无限的庞然大物。大概只有傻瓜和亡命之徒才会如此吧！也难怪元老伊藤博文战前坚决反对向俄国宣战。

伊藤老成谋国，自有一番道理。俄国人当然也很明白这一点，他们可以用战略上的优势来增援战术上的劣势；用战略上的胜利来弥补战斗中的失败。要诀就是一个字：拖。1812 年，库图佐夫元帅就是施展"拖"字诀在莫斯科城下开始成功反击拿破仑的大军。

现在帝国陆军在满洲同俄军对峙。俄军唯一可靠的补给通道是尚未完全建成的横贯西伯利亚的铁路。这是一条单轨铁路，很多路段还在修修补补，尤其是贝加尔湖段还未通车，其运输效率十分低下。但涓涓细流只要不中断，总将汇成滚滚洪流。沙皇尼古拉二世现在一定正在调兵遣将，将精锐的陆军从西面调往远东。参谋本部早已计算过，只要一个月，沙俄就将完成战役准备，在满洲同日军决战。

反观日本，从地图上看，满洲离日本近在咫尺，但驻守在那里的帝国满洲军几乎完全依赖于本土的补给。军需物资要送到满洲，就必须通过海运；为了保证海上通道的安全，就必须拥有绝对制海权；为了争夺制海权，就必须全歼俄国舰队。只要有一艘敌主力战列舰进入符拉迪沃斯托克，就意味着制海权还未落入我手。俄国人就可以严重威胁我陆军补给，从而在满洲正面战场上耗死我们，最后将我们一击而溃。

这还仅仅是军事上的危险。从政治经济角度分析，俄国战舰压根就不用同联合舰队作战，他们只要采取游击战术，在日本列岛周边骚扰，就可以将日本隔离于世界贸易之外，从而使日本经济崩溃。一想到这样的情境，我就不寒而栗。然而从当前形势来看，日本面临着所有可能性，除了缥缈的胜利。

难道符拉迪沃斯托克之于联合舰队，就好似莫斯科之于拿破仑？

"符拉迪沃斯托克"，这个原本由中国人命名为"海参崴"的和平宁静之地，到了俄国人手里就变成了"征服东方"。是的，俄国人从这里出发，将征服满洲，占领朝鲜，最后将远东总督府搬迁到东京。

不，我绝不能让这样的事情发生。恰恰相反，日本将控制朝鲜，殖民满洲，要占领千岛群岛和萨哈林岛①。日本的势力范围将从台湾岛开始，终于符拉迪沃斯托克②。

我们在日清战争③中，已经为实现这个宏大的目标取得了良好的开端，得到了朝鲜国和台湾岛。现在距离控制满洲只有一步之遥了。联合舰队必须伏击前往符拉迪沃斯托克的俄国舰队，同时还要保证有足够的兵力和时间来进行决战并歼灭之。如果误判了俄军路线，联合舰队就不得不花时间在海上实施机动来追逐敌舰。这样不仅无法全歼敌人，他们甚至可能在完好无缺的情况下就能到达目的地。到那时，结束这场战争就将遥遥无期。我不知道俄国人将有多痛，但我能肯定先倒下去的一定是日本。

10年前，我们拿着全部的家当同清国赌，居然赢了；现在我们又拿着全部家当同俄国赌。为了尽快跻身强国之林，岛国日本将国家的兴亡系于运气之上，这大概就是不得不接受的宿命吧！

"俄国舰队将从哪里来？"这是一道绝不能做错的选择题。

---

① 即库页岛。
② 那个时候日本的胃口还没有其30年后扩展的那么大。
③ 即中日甲午战争。

回答：对马

　　决定日本国运的选择题极大地刺激了日本人的脑神经。连陆军的参谋们也在嚷嚷："朝鲜？北海道？日本海？太平洋？"这些笨蛋只会添乱。比起听他们的胡言乱语，抛硬币还更靠得住些。全日本只有3个人可以做这道题，那就是我的先任参谋①秋山真之中佐；联合舰队参谋长加藤友三郎少将；还有我。我们的决定就是联合舰队的决定，联合舰队的决定就是大本营的决定，大本营的决定就是日本帝国的决定。

联合舰队高级军官团队，从右至左依次为：
秋山真之、加藤友三郎、上村彦之丞、我、岛村速雄、舟越楫四郎。

　　"俄国人将取道对马海峡。"秋山真之在3个月前就如此分析："不过呢，他们也有可能迂回到北海道。"这就是参谋，什么都考虑全了，什么也确定不了。

　　"我完全同意秋山中佐的意见。"加藤参谋长附和道："请

① 即首席参谋。

司令长官定夺。"这个家伙真是什么新建议也没有啊！加藤是炮术专家，不过身为联合舰队参谋长，他在舰队战术制定上却对秋山言听计从。也难怪，秋山真之当年从海军兵学校以第一名毕业，后来又到美国师从"海权论"的奠基者阿尔弗雷德·赛耶·马汉将军，是帝国海军界公认的战术专家。

当年山本权兵卫海相任命我为联合舰队司令官同时，还推荐了秋山真之任舰队先任参谋。山本可以说是帝国海军之父，他的推荐自然得采纳。

秋山脑子特别聪明，文笔也很好，就是举止奇怪、思维跳跃，经常前言不搭后语。更有传言说他睡觉的时候从来不脱鞋。不过用人就是要不拘一格，有才干的人往往性格乖张。我作为司令长官，倒也很欣赏秋山这种真性情。

"理由？"我问道。

秋山说："宗谷海峡和津轻海峡均水道狭窄、水流湍急、暗礁遍布、终年多雾。对于不熟悉此海域地形的俄军而言，指挥如此庞大的舰队将徒然增加航行的危险。反之，朝鲜海峡的东水道①是前往符拉迪沃斯托克的捷径，水道也很宽广，便于大舰队运动。从航海的角度来看，这是最佳选择。"

"当然，"秋山又补充道："俄国人自然也会预料到我们的分析，所以他们也可能故意放弃这个方案，反而走更困难的道路。这样的战例在历史上也比比皆是。"

秋山说到激动之处，情不自禁地从军装口袋里掏出一袋蚕豆，嘎嘣嘎嘣嚼起来。

"还有一种可能是，俄国人分兵行动。将舰队一分为二乃至一分为多，分别取道对马海峡、宗谷海峡和津轻海峡。如果这样，

---

① 即对马海峡，由朝鲜海峡中的对马岛和日本本土九州岛形成。

那就棘手了。除非联合舰队也分兵，否则总会有敌舰进入符拉迪沃斯托克。我也计划了联合舰队的分兵方案，是这样的……"

"他们不会分兵的。"我摆摆手，制止了这个参谋周全但多余的分析："你不是马汉的学生吗？他最著名的一句话是什么？"

秋山张口就说："永远要将舰队集中使用。"

我等了等，让他自己回味这句话的分量，然后说："如果俄军分兵，而我军不分兵，则必有一支俄国分舰队将遭遇毁灭性打击。他们的司令官罗杰斯特文斯基中将是沙皇的宠臣。对他而言，沙皇的喜怒比战争胜负更要紧。如果因分兵导致寡不敌众，一定会引起沙皇的震怒。而集中全部力量突破联合舰队封锁，无论是否遭遇我军，都不会有错的。"

秋山思考片刻后，一拍手掌说："确实是这样！长官，您说得很有道理。说不定罗杰斯特文斯基就是希望我们分散联合舰队。这样无论他的舰队从哪里通过，都能够占据兵力优势。所以集中兵力一定是他的选择。那么您如何判断敌舰队的航向呢？"

我冷冷地说："我不判断，我只决定。"然后我将食指轻轻点在地图上："对马。"

需要修改回答吗？

"长官，我们必须紧急离港，赶往津轻海峡的西面出口处。"随着日子一天天流逝，秋山参谋的忍耐到达了极限。5月25日，他和加藤参谋长冲进我的办公室，对敌人动态做出了新的判断。

秋山脸色苍白，胡子看来很久没打理了，乱七八糟长得满脸都是，眼睛则肿胀通红，显然处于极度的焦虑和纠结之中不能自拔。"如果从5月14日俄国人离开金兰湾算起，满打满算他们8

天时间就可以到达伏击点，而我们的警戒舰更应该提前发现。现在整整超过了 3 天，最大的可能就是俄国舰队去了太平洋。"

"你的意见呢？"我转而注视参谋长。

加藤少将犹豫了一下，还是下定决心说："这也是我的看法。"

果然不出所料，只要是秋山谋划的策略，这个加藤看来是照单全收啊！这也意味着联合舰队参谋部也同意秋山的建议。

我点点头，又对秋山说："具体计划拟定了么？"

秋山说："最迟不超过 26 日，全舰队起锚前往津轻海峡西面设伏。如果俄舰队从东面穿过津轻海峡，正好就落入伏击区；如果敌人还是走对马海峡，我们在津轻海峡海域仍然有机会抓住他们决战。不能再这样傻等下去，一定要行动了，长官！"

我说："你考虑到津轻海峡距离符拉迪沃斯托克只有 400 多海里么，而且那里海面宽阔，在那儿伏击敌人，很可能就让俄国人驶入符拉迪沃斯托克，你的'七段战法'也就成了泡影。一旦不能全歼敌舰，战争就形成了僵局。速战速决才是日本的取胜之道。"

"可是这样总比敌人完好无损地去符拉迪沃斯托克要好啊！请长官决断。"秋山反驳道。

参谋就是参谋，他们聪明绝顶，万无遗漏，所有因素、所有可能、所有变化他们都考虑到了。但是他们缺乏从千丝万缕的联系中找到最重要的关键点的能力，稍有风吹草动就动摇了决心。这大概是参谋们不可避免的缺点吧！

我还是缓缓地挤出那两个字："对马。"

秋山晃动了一下身体，欲言又止，然后抬眼看了我一下，又迅速地转而盯着地面，好一会儿才鼓起勇气问："不好意思，那个……为什么呢？"

这个秋山，真是胆大妄为，居然敢质疑最高长官的判断。看在他向来行为怪异的份上，我也不以为忤。

原因其实很简单，就是两个词：常识和人性。

现代战争越来越庞大复杂，所以需要参谋们事无巨细地筹划方案。但这都只是战术上的细节，战争终究还是人在指挥，能决定战略的只有少数几个人，只要能够剖析人心，自然也就剖析了战争。

俄国人固然不希望在到达符拉迪沃斯托克之前同联合舰队交手，但万一碰上了，以他们的实力也不必惧怕我们。所以俄国人选择航线的首要因素是安全快速，而非避战。既然他们无法预测联合舰队的设伏地点，当然就只能选择符合航海常识的路线前进。

此时我等所谓的理性判断已经无效了，关键还是对人性的分析。敌人是很精明的，他们当然会算计各种各样的方案；同时他们也知道日本人也很精明，也会算计各种各样的方案；他们还知道日本人也知道他们知道……如此算计来算计去，就好似俄罗斯套瓷娃那样无穷无尽。除了练习绕口令，其实什么结论都不能得出。可我知道一个事实，那就是沙皇的宠臣罗杰斯特文斯基中将是人，中将的舰长们是人，舰长的水手们也是人。经过漫长的 18000 海里航行，7 个月的无休止跋涉，历尽千辛万苦，担惊受怕，此时离符拉迪沃斯托克只有咫尺之遥。只要到了符拉迪沃斯托克，舰队就算完成任务，就可以上岸喝酒找女人。让舰队放着近路不走，绕道太平洋，全体官兵都不答应。就算俄国人猜到我们在对马海峡埋伏，他们也宁可痛快地开炮，而非窝囊地绕行。

至于俄国舰队为什么还没到对马，很简单，他们走得太慢了。秋山是按照 10 节的正常航速计算到达时间的，然而如此庞大的舰队，经过如此漫长的航行，一路上有点故障差错是很正常的事情。

这样看来，答案不是一目了然么。

秋山这些参谋们太聪明了，不免过于面面俱到，瞻前顾后；而主帅的任务就是要发现本质，而不能被旁枝所干扰、迷惑甚至动摇。主帅下达的任何命令在参谋们看来都是有缺点的。如果追求所谓完美的计划，只会导致什么事情也决定不了。不做决定或摇摆不定地执行目标不一致的决定，比坚持最差的决定更要命。参谋谋划，主帅拍板，各司其职。胜负之决只在此心动与不动，任凭你秋山嘀嘀咕咕我也不改初衷。既然我确信已经做好了全部准备，继续烦恼岂非很无谓。

上述理由当然不是参谋们的思维方式，我也没有兴趣向一个下级耗费口舌解释。我将手掌按在地图上："我说从这里来，就从这里来。"

司令官的话一言九鼎，联合舰队仍然留在镇海湾海域待命。

我当然不能控制罗杰斯特文斯基的决策。一个有着自由意志的人可以选择任何可能性，硬说对其行为判断有 100% 的把握就是谎言。如果罗杰斯特文斯基真如我所愿取道对马海峡，后世的历史学家大概会称赞我在纷繁复杂的事态中，能够坚定不移地执行作战计划，显示了一名大将的持重和坚韧。万一罗杰斯特文斯基绕道太平洋，历史学家也会大言不惭地论断我东乡平八郎是个顽冥不化、固执己见的糊涂蛋，不会随机应变接受参谋的正确意见。历史真是奇怪的东西啊，评价一个人成败的依据居然是另一个人独立行为的后果。算了，既然身处历史的漩涡之中，我就要接受这种无理的评判标准。哼，历史学家口口声声说什么要客观公正，我看还是"结果论"的实用主义至上吧！

可是万一我真的错了呢？日本只要失败一次，就没有翻身的机会了。俄国人在远东杀"黄猴子"的效率是很高的。全世界除了装模作样发表几篇新闻稿外，没有人会真正怜悯我们。

我抚摸着自己的短脖子。也许应该提前预订好一位介错，等到在皇宫前的二重桥上剖腹谢罪之时，就不必手忙脚乱了。据说有的介错水平不到家，斩头的时候拖泥带水，搞得场面十分难堪，毫无美感可言。不过倒是可以请我的朋友山本权兵卫，他是最优秀的军人，行事决绝，手脚利落，用我的祖传太刀十分恰当。

小桥流水、微风煦日、白衣红血，多么美丽的剖腹场景啊！

警戒舰、无线电和渔民

我带着微笑站起身，走到舷窗边向外眺望。

海浪比往日要更加汹涌，一层雾气缭绕在海面上，似乎有越来越浓的趋势，而本应该悬挂天空的月亮也隐蔽在云层之后。看来到了白天不是起雾就是下雨呢。海面上的能见度十分有限，这将大大影响警戒舰的观察视野。而俄国舰队很可能就依托云雾的掩护，从警戒网中偷偷溜走。想到这里，我下意识地握紧了腰间的"一文字吉房"太刀，希望警戒舰上的人能够瞪大眼睛，希望天明后视野能够变得清晰。

为了在第一时间就捕捉到俄舰队，秋山真之参谋设计出了一套完美的警戒网系统。这张网以朝鲜济州岛至五岛列岛为界，纵深 140 海里向南以经、纬度各 10 分为刻度，画了一张巨大的棋盘。每一格都事先编号，并派遣警戒舰船专职在对应区域巡逻。这样不会有区域遗漏，而且一旦发现敌舰，也能很快汇报上来。我命令那些不参与会战的舰船承担警戒任务，一共有 73 艘之多。为了预防万一，我在符拉迪沃斯托克、宗谷海峡和津轻海峡海域也布置了水雷和少量侦察船。我重新检讨了一下方案，应该很完备了。所谓谋事在人成事在天，如果俄国舰队真的从警戒网中溜走了，那只能怨皇国运气不好吧！

就在这不安和焦躁中，不知不觉天空开始微微泛白。凌晨 5 点，起床号准时响起，很快甲板上传来士兵们咚咚的脚步声，每天固定的晨操开始了。新的一天如期到来，而没有如期到来的敌人现在是何种状态呢？

忽然整齐划一的体操号令中断了，甲板上的脚步声开始杂乱无章地四处奔散。难道发生了什么意外事故？我正打算出去看看，就见一个人连门也没敲就冲进长官室。我打开电灯，发现是加藤友三郎参谋长。加藤平时是一个严肃、不苟言笑的人，我从来没见过他在长官面前如此失态。

"来了，来了！"加藤挥舞着一份电报，上气不接下气地喊道。

我接过电文，扫了一眼收报员用颤抖的字体写下的千钧纸片："敌舰队出现，地点203。"内容很简单，但已经足够了。我终于在对马海峡抓住你了，罗杰斯特文斯基先生。

我隐隐嗅到了胜利的味道。尽管努力地试图掩盖兴奋，但我还是情不自禁地抬起头，对着参谋长扬起了嘴角，罕有地显现出一丝微笑。不过我又迅速恢复了平静。现在高兴还为时过早，只有当最后一艘俄国主力舰失去战斗力后，我才能够放心地开怀大笑。

我通知"三笠"号舰长伊地知彦次郎大佐进来，命令"三笠"号立即起锚出港。

后续的电报一封接着一封发到指挥部，俄国舰队的航向、速度、构成、编组等情报源源不断地汇总上来，参谋部事先布置的警戒网发挥了巨大的作用。

最早发现敌舰队的是一艘由邮轮改装的汽船——"信浓丸"。它拍发了第一份电报后，在敌人的12英寸巨炮之下，冒着随时可能被击沉的危险一直紧紧跟随俄国舰队。接着巡洋舰"和泉"号也发现了敌人。"和泉"号在距敌舰不到6000米的距离之内持续侦察，将敌舰的情况摸得一清二楚，最后实在是没什么新闻了，于是就连敌人战舰的烟囱刷的是黄色油漆也报告上来。

此时，我还必须感谢帝国的工程师们，正是他们拼命攻关，才制造出了当今世界上最先进的无线电设备——全国产化的三六

式①无线电收发报机，此时离意大利人马可尼发明无线电仅仅过去
8年。三六式无线电的工作距离只有80海里，中途还需要在一艘
军舰上设立中转站才能传到指挥部。不过这就足够了，无线电这
种高科技装备为联合舰队赢得了足够的反应时间。

其实最早发现俄国舰队的不是"信浓丸"，而是冲绳宫古岛
上的渔民。政府已经将俄国舰队可能出现在附近的通知下发到了
这个最偏远的小岛。岛上渔民发现敌舰后，马上上报到了村公所。
然而宫古岛上并没有无线电设备，于是有5个渔民自告奋勇，划
船去170公里之外的石垣岛邮局去发报。15个小时后，已经累得
几乎虚脱的渔民们将情报发到了东京，然后经东京邮局告知大本
营，再由大本营转发到联合舰队。此刻联合舰队已经起航，这封
过时的电报在雪片似的电文中谁也没有注意。

直到昭和9年（1934年），我已经老得只能在床上喘气时，
才从家人的读报中知道了这则轶闻。这些冒着生命危险同风浪搏
斗的渔民只是最最普通的国人，他们既非军人亦非公职人员，但
他们的行动证明了全体日本人已经从封建幕府时代的草民转变为
以国为重的国民。这才是日本强盛的根本原因吧。

天气晴朗风浪高

庞大的舰队从狭窄的港口出发是一件复杂的协调工作，一定
要小心谨慎，否则很容易发生碰撞事故。在收到出发信号后，如
何以最快时间出港并在指定地点集结，我和参谋部对此也筹划了
详尽的行动方案。

① 即 1903 年，明治 36 年制式。

事前全体战舰早已收到做好准备的书面命令，各单位在收到旗舰上的信号后，将根据安排的次序起锚出港。为了节约时间，部分战舰就驻锚在镇海湾港外的加德水道上。我站在舰桥最高一层的瞭望台上，看到舰队有条不紊地行动，也不禁微微地点头。

"三笠"号一扫连日来阴沉的气息，伴随着70人铜管乐队的嘹亮进行曲，所有人员几乎是欢快地飞奔到各自岗位。蒸汽锅炉早已预热完毕，一直处于待命状态，"三笠"号的两根大烟囱很快就飘起了烟雾。舰上各类大小火炮都经过了精心保养和调校，炮弹的存储也很充足。官兵们的士气达到了最高点。准备工作堪称完美。等等，煤炭还有问题：不是少了，而是太多了。

"三笠"号的两根大烟囱开始放出烟雾。我们携带的煤炭大概有些多了，使得船身吃水较深。

尽管我坚信俄国舰队将通过对马海峡，可凡事需有备无患。万一俄国人绕道太平洋，联合舰队就必须立即北上到北海道拦截，而中途是没有时间加煤的，因此所有战舰的甲板上都堆满了煤包，以备途中使用。现在既然已经确认了敌舰队航向，这些多余的煤不仅没用了，还会增加战舰吃水，降低战舰的机动性，堆在甲板上还容易引起火灾。于是新的命令下达："全体人员，扔煤。"

联合舰队使用的是从英国进口的威尔士白煤。这种煤固定碳含量高，不仅能为锅炉提供充足动力，而且其产生的煤烟量也很少，比起俄国舰队使用的那种冒着滚滚浓烟的黑煤，显然更有利于联合舰队的隐蔽。

对于大多来自贫苦农村的水手们而言，一包高级无烟煤几乎和一袋大米一样珍贵。当"扔煤"的命令传达下去后，士兵们都愣住了：如果将这些煤省下来换成饭团带给家人多好。我也成长于一个贫寒的武士之家，十分理解这种心情。这些大部分来自农村的年轻人在加入海军之前，很多人甚至没有穿过鞋，没有吃过零食，没有一身无补丁的衣服。日本人是世界上最贫困的人民，而联合舰队是日本拼尽全力打造的巨型海军舰队。也许，这种为了跻身世界列强的行列而耗尽国力的冲动，正是我们这个时代的精神吧。

军士长和少尉们开始训斥还没有行动的水兵们。片刻犹豫后，一包包昂贵的英煤被抛入海中。接着水手们将吊床捆扎好，包裹在战舰重要的部位以充当防御物。然后是清理甲板，将甲板上残存的煤渣刷洗干净后，再撒上沙子。这样当甲板上血流成河时，在上面奔跑就不容易滑倒。最后全体人员沐浴，并换上经过消毒的崭新内衣裤、鞋袜和白色作战服。这是联合舰队军医总监铃木重道的要求。如果在战斗中受伤，伤者穿着干净的衣服将大大降低被感染的风险。我不懂医学，这种防护措施是否有效尚需论证，不过我还是很干脆地同意了军医总监的建议。几千套衣服费不了几个日元，但这是很好的心理暗示。大战来临，任何人难免会紧张害怕。通过沐浴更衣，一方面这种仪式化的行为有利于缓解焦虑，另一方面实际上是告诉官兵们，受伤并不要紧，只管放心战斗。这对维持整个战斗中的高昂士气意义重大。

万事俱备，还有什么事情没做？我将所有工作在脑海中重新过了一遍，看来只剩下向大本营汇报了。大本营其实并不会干涉联合舰队的具体运作，这只是程序上的规定罢了。不过东京的头头脑脑们，包括天皇陛下一定时刻关注着这场决定命运的海战，这封电报怎么写，还是很有讲究的。

我来到参谋部，发现送往东京的电报已经草拟好了："联合舰队接到发现敌舰的报告，立即出动，将其歼灭。今天天气晴朗但风浪高。"

这一定是秋山真之中佐的手笔吧。将一封例行电报写得如此有文采，也只有这个奇怪的先任参谋了。据说秋山同已去世的著名俳句词人正冈子规是同乡，交往甚深。他原本希望到东京大学进修文学，后来被他哥哥秋山好古强行逼进了海军兵学校，看来这小子本质上仍是一个文学青年啊。

当时我并未意识到，这封电报将载入日本文学史册，被后世称赞有加。尤其是后面一句："天气晴朗但风浪高"，一方面说明了能见度良好，有利于我方持续攻击敌舰，而不会让敌人跑掉；另一方面则表明了在浪高的海况条件下，精于射击的联合舰队比俄国舰队占有更多优势。

大本营看到这封电报，一定会稍稍放宽心吧。我很满意秋山的神来之笔，命人立即将电报发出。

这时秋山凑过来说："长官，俄国舰队是在203海域被发现的……"看到我不动声色，他补充说："旅顺，203，这难道不是天意么。我们一定会获胜的。"

事到如今，秋山参谋的工作其实已经完成90%，所以他那神叨叨的毛病又犯了。我当然不相信什么宿命论和天意。可这样的巧合也着实让我无法忽略。

我亦忧亦喜，低声重复道："203，203高地。"

血漫 203

旅顺是帝国陆军的坟场。

旅顺要塞外的 203 高地则是帝国陆军的绞肉机。

这台绞肉机将活生生的人吞进去，然后吐出残破不全的肢体、肉渣和血浆。在现代化的钢铁、机枪和混凝土面前，血肉之躯是如此不堪一击。

1904 年，负责围攻旅顺的乃木希典中将在 203 高地的攻坚战斗中，用 1.1 万名官兵加上他自己仅存的一个儿子的生命为代价，换来了俄罗斯第一太平洋舰队的覆灭。

惨烈的损失和巨大的胜利，顽冥不化的指挥和忠君报国的赤诚。我不知道到底应该咒骂乃木君呢还是该感谢他。203，这个数字也许预言联合舰队又将歼灭敌人的第二舰队，也许暗示联合舰队将惨遭重创。海军同陆军不一样，陆军就算人死绝了，还可以再招募；但海军没有了战舰，就不是一朝一夕能够恢复的。我担当的干系比乃木更为重大。

这场战争争夺的是我们在朝鲜半岛和满洲的利益，可决定性的胜负手却不在陆地上，而在海洋上。日本必须牢牢地把握制海权，才能保障在大陆上的陆军补给。而俄国的第一太平洋舰队是时刻威胁我方海上交通线的阴魂。这支舰队为了等待波罗的海舰队[1]的支援，采用了"舰队保存主义"的手段，龟缩在旅顺港内不出来。一旦这两支俄国舰队成功汇合，其实力将远超联合舰队，我方则毫无胜算。可是在大口径要塞炮的保护下，联合舰队也不能攻进港口，只能在旅顺港外的海面封锁。如此攻也攻不进，打也打不着，耗也耗不起，联合舰队陷入了僵局。

---

① 如前文所述，这支舰队后改称俄罗斯第二太平洋舰队。

"请陆军务必拿下旅顺，拜托了。"我向大本营发去了这样的请求。只要占领了旅顺，就能用岸炮去轰敌舰，这样内外夹击可确保全歼敌舰队。此时日本海陆两军的需求形成一个悖论：陆军需要海军消灭俄国海军来保证补给线；海军则需要陆军消灭俄国陆军来确保制海权。要破解如此尴尬的局面，只能靠陆军来拔掉旅顺这枚钉子。

大本营很快就同意了强攻旅顺的战略，先后从满洲方面军中抽调了第 1、7、9、11 师团组成第三军，包围了旅顺。1894 年在日清战争中，还是旅团长的乃木希典仅仅损失了 18 个人就占领了旅顺。

日清战争胜利后，日本迫于俄法德三国的干涉，将征服来的辽东半岛又吐了出去。乃木早就憋了一肚子火，发誓要再次攻陷旅顺。可是这次他的对手不再是腐败无能的清国军队，旅顺也早已要塞化，他想重复当年的辉煌几无可能。

果然，从 1904 年 5 月 24 日正式围攻旅顺开始，第三军就在尸山血海中蹒跚挣扎。乃木对要塞发动了 3 次大规模强攻，除了留下 5 万具尸体外，旅顺依然屹立不动，俄国舰队依然实力强大。迅速占领旅顺的计划早已成为泡影。

"混蛋，混蛋，混蛋！"秋山真之在参谋部的会议室里大骂着。我心里也很着急，可是又不能在幕僚面前显露出来。陆军自有一套指挥系统，还轮不到联合舰队指手画脚。可是……乃木君真是个笨蛋。

他完全搞错了目标。占领旅顺的目的是为了消灭俄国舰队，而不是为了那座城池。战前在旅顺侦察的间谍所带回来的情报表明，从 203 高地上就可以清晰地观察到旅顺港的俄国舰队。只要在高地上设立观察哨，便能够指挥大口径榴弹炮射击。只要舰队没了，要塞的战斗意志就会瓦解，甚至要不要取得旅顺也无所谓了。

　　直到 1904 年 11 月底，乃木那个榆木脑袋才醒悟过来。在满洲军参谋总长儿玉源太郎的监督下，乃木开始全力进攻 203 高地，并在 12 月 5 日占领阵地。相对于日军过万的伤亡，俄军才死亡 400 人。就在高地陷落的当天，我军从日本本土搬运而来的 11 英寸岸防巨炮也开始向港口实施炮击。

　　12 月 9 日，仅仅 4 天后，俄舰队被消灭殆尽。直到此刻，我才终于松了口气。自开战以来一直处于封锁作战状态的联合舰队终于能够回到佐世保基地进行休整，以迎战即将到来的俄国增援舰队。

1904年12月9日，俄罗斯第一太平洋舰队被消灭殆尽。

　　如果一开始就进攻 203 高地，就不会死这么多人了吧！可是乃木希典的两个儿子乃木胜典和乃木保典都战死在了前线，我又怎能责怪这个悲伤的父亲呢？我看到秋山真之默默合十，为那两个年轻的生命祈祷，然后他又愤愤地说："乃木中将真可怜。但那死伤的 6 万人也是别人的儿子啊！"

联合舰队：出发

"三笠"号作为全舰队的旗舰，行驶在队列的第一位。

如果说陆军的主帅冲在最前面是鲁莽的话，那么海军的指挥官站在最前面就是义务了。这种颇有古代骑士风度的战法在英国海军的传奇将领纳尔逊勋爵手里发挥到了极致。在特拉法加海战中，他带领自己的旗舰"胜利"号一马当先，冲进敌人的舰队之中，彻底歼灭了法国－西班牙联军。而联军的主帅维尔纳夫却可耻地将一艘中型战舰作为旗舰，企图在战斗中能够保全自己。是的，维尔纳夫被俘还活了下来，但他使拿破仑法国失去了同英国争霸的海上砝码；纳尔逊死了，却带给大英帝国100年的海上霸权。

我是日本的第一代海军军人，从18岁加入摩萨藩海军后，就立志成为纳尔逊那样的伟大将领。但现实很残酷。1866的日本还是一个封闭的农业社会，那时别说一艘铁甲战列舰，就算是蒸汽船也是宝贝。到1904年，我真的成为日本海军的最高指挥官，麾下有100多艘各类舰艇，旗舰"三笠"号吃水更是重达1.52万吨，配有4门12英寸主炮和14门6英寸大炮，是世界上最先进的战列舰之一。真是像做梦一样啊！这支舰队就是我的全部。但只要能歼灭俄罗斯第二太平洋舰队，我就算被炸成齑粉也是值得的。

我们的"三笠"号战列舰是当时世界上最先进的战列舰之一。

现代海战是巨舰和大炮的对决，左右战役胜负的关键因素是更厚的装甲和更猛烈的炮火，而战列舰这个巨无霸就是这两者的完美结合。此时联合舰队共拥有主力战舰 12 艘，数量上同俄罗斯第二太平洋舰队一样，所以目前看来这场战斗还是势均力敌的。为了全歼敌人，联合舰队必须在战术上出奇制胜，就要像纳尔逊勋爵那样，打破常规，置之死地而后生。我暗下决心，如不能全胜，只能以死向天皇和国民谢罪。

我叫来军医总监铃木重道，将我的遗书递给他说："如果我战死了，不必将我的尸体运回国，直接扔海里就行了。事情就拜托你了。"纳尔逊当年战死后，他的遗体被部下浸在白兰地酒桶里才得以带回到英国。我可不希望被泡成标本。海军何须盖棺入土，大海就是最理想的墓地。铃木重道郑重地收下了遗书。

联合舰队从镇海湾出发时，海面上仍布满了大雾，能见度极差。如果雾还不及时散去，就算我们截住了俄国舰队，炮手也很难瞄准射击，很容易让俄国人利用大雾遁逃。到那时，秋山真之参谋的那封文采飞扬的电报就是谎报军情了呢。

联合舰队指挥部的军官们都聚集在"三笠"号舰桥最前面的瞭望台上，大家默不作声，气氛不免又焦虑起来。

这时秋山拿着笔记本匆匆从下面跑上来。他同军官们一样，穿着深蓝色的军服，但却将系佩剑的皮带套在上衣的腹部处。大家看了都笑话他的穿着不伦不类，秋山却认真地说："这是我的'褌①'。只要系紧腰围，就能气运丹田，发挥胆力，必能战胜敌人。"

我是个很注重着装严谨的人，就算回到休息室，我也很少脱下军服换上更舒适的常服。部下们知道我的习性，在衣着上都很

---

① 日文中，"褌"其实就是兜裆布，算是日本传统内裤。从写法上看，右边的"军"字代表武力。日本人认为系紧兜裆布，有利于提高战斗力。秋山这种"兜裆布理论"几乎等同于内裤外穿。

注意。只有秋山我行我素。我回头看看秋山，虽然不高兴，但对于有才干的部下还是要区别对待的。不管怎样，气氛毕竟变得活跃些了。

秋山根本没有理会大家的笑谈，严肃地说："没关系，大雾一定会散去的。"我则抱着尽人事而天必佑之的态度，右手握紧德国蔡司产的高倍双筒望远镜，左手扶着佩刀，一言不发，一动不动地站立着。

果然，随着太阳升起，雾气遂如人愿，渐渐消散。天空中虽然还有很厚的云层，但阳光已然撕开乌云，向海面上洒下万道金光。庞大的联合舰队根据诸分舰队序列，各自排成一列纵队，配合着大海的起伏，破浪前进。所有的军舰都涂装成了同海水和天空颜色相近的银灰色，只有舰艏镶嵌的鎏金 16 瓣菊花纹[1]在光线的照耀下熠熠生辉。

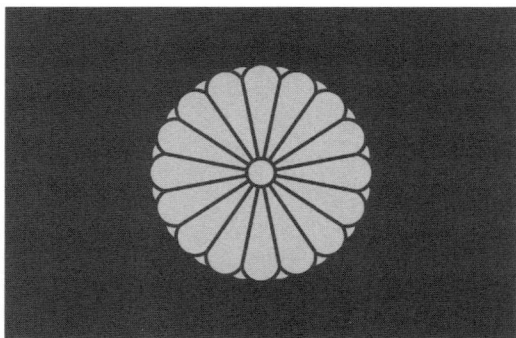

鎏金16瓣菊花纹，这是天皇的纹章，保佑舰队武运昌隆！

愿历代天皇保佑联合舰队武运长久。我也情不自禁地开始默默祈祷。

[1] 即日本皇室纹章。

帝国海军梦

我祈祷能够战胜俄国舰队，我祈祷联合舰队能够毫发无损。战争当然不可避免地有牺牲，可战舰太宝贵了，哪怕有一艘受损都是剜我的心窝子。俗话说：陆军为士兵配备武器，而海军为他们的战舰提供士兵。联合舰队所有人都要为战舰而生，为战舰而行，最后为战舰而亡，因为战舰承载了一个宏大的帝国海军梦，而这个梦却是从一个噩梦开始的。

1853 年，我刚刚 5 岁时，父亲告诉我有一些浑身长毛的白鬼子在江户登陆了。当时我自然不明白其中的意义，长大后我才知道那些白鬼子是美国人，他们逼迫幕府结束了闭关锁国的国策，日本在大炮下向西方列强敞开了大门。一个没有海军的日本是多么孱弱啊！

日本是个岛国。在古代，海洋是最好的屏障，它保护日本免遭元朝大军的进犯，中华帝国也未能染指。可是到了现代，海洋反而成了日本最薄弱的防线。敌人可以在漫长的海岸线上任意登陆，而日本守无可守，唯一的办法就是建立一支强大的海军与之抗衡。所以日本的未来乃至主权独立都取决于海洋，只有拥有制海权才能控制海洋，只有海军强大才能获得制海权，而最终必须依靠战舰才能击溃或威慑敌方。战舰，更多更强火力的战舰就是日本的海军梦。

1863 年 7 月，另一群白鬼子英国人炮击了我的故乡鹿儿岛。我参加了萨摩藩的军队，在炮台担任搬运炮弹的小兵。我第一次真真切切见识到了船坚炮利的恐怖。萨摩藩的炮台被炸了个稀巴烂，刚刚建好的造船厂也一同完蛋。我明白了一个道理：对于一个岛国，依靠固定的炮台是永远无法防御运动的战舰的攻击的。敌人从海上机动而来，我们就必须在海上机动防御。同样悟出了这个道理的还有一个跟我差不多年纪的人——山本权兵卫，后来的海军大臣，日本海军之父。我们在一起搬炮弹的工作中建立了友谊，两个人发誓要建设真正的现代化海军，为天皇效忠。

愿望很快就开始践行了。1866 年我加入萨摩藩海军，而后萨摩海军在 1868 年并入明治政府海军，在倒幕战争中同幕府军队作战，直到彻底推翻幕府统治，还政于明治天皇。内战胜利后，日本开始了千年以来未有之大变局，社会的各个方面都在激烈地发生变化。1871 年，作为第一批留学英国的青年，我被派遣到皇家海军学校学习。

然而当我兴冲冲地到英国报道时，却发现英国人根本就不允许日本人进入正规军校，无奈之下我只好转入一所商船学校。

"嗨，那个小个子中国人，你也想当海员？"我的教官不屑地问我。

"我是日本人。"

"无所谓啦，黄皮猴子都是一样的。哈哈哈！"

这就是我在英国的遭遇，一个没有自己战舰的海军军人，活该被人歧视。国家没有军舰，但我自己还有力气和才智。经过两年半的艰苦学习，我完全掌握了现代蒸汽船的驾驶技术。昔日那些嘲讽和鄙夷的目光也渐渐变成赞赏和肯定。国家强盛不是一朝一夕可成，但国民却可以分分秒秒以自强；当所有国民都自强之时，又何愁国家不强呢。当年举国上下那种奋发向上的时代精神一直传承持续，全体国民莫不积极有为，天照大神一定会保佑联合舰队的。

1877 年，我终于得到了自己的第一艘军舰"比睿"号。这是一艘从英国订购的巡洋舰，我奉命监督此舰的建造，并于次年驾驶该舰回到了阔别 7 年的祖国。

木龙骨包裹着薄薄装甲的"比睿"号排水量仅 2250 吨，舰上最大口径的克虏伯炮才 6.7 英寸。比起后来的"三笠"号，显得多么寒酸。可无论如何，这就是我的海军梦的里程碑。能够指挥一艘自己的战舰是对一个海军军人的最大奖赏。

"比睿"号曾承载了我最初的海军梦想。

帝国海军梦仍在继续。1894 年，"桥立"号巡洋舰在横须贺造船厂建成服役。它连同"松岛"号、"严岛"号，因舰名取自日本著名的三处风景，因而并称"三景舰"。这是为了对付清国的"定远"和"镇远"两艘铁甲舰而定制的战舰。尽管联合舰队在单舰指标上还比不上清国的北洋水师，但在总吨位和火炮数量上略占优势，即将到来的战争还有得一打。

日清战争同日俄战争一样，也是以海战拉开序幕。1894 年，在丰岛海面爆发了世界上第一次大规模蒸汽铁甲舰的对决。我当时作为"浪速"号舰长也参与了那次战斗。在战斗即将结束时，我发现了一艘英国籍商船"高升"号。此船为清国政府租用，正在运送清国士兵前往朝鲜。经过象征性的警告之后，我下令击沉了这艘挂着英国国旗的商船。这件事差点酿成国际纠纷，英国人一开始气势汹汹要找日本人算账，最后也不了了之。我在英国浸淫多年，对国际法和这个国家的务实立场十分熟悉。聪明老道的政治家总是站在胜利者的一边。清国，这个在东亚首屈一指的大国通过其糟糕的表现已经充分证明它实际上只是纸糊的花架子，英国人自然会偏袒我们。

日清战争后，帝国的首要敌人变成了俄罗斯。在日新月异的技术进步和军备竞赛中，铁甲舰退出了历史舞台，威力更强大的战列舰开始主宰海洋。当年的好友，已经担任海军军务局局长的山本权兵卫向国会提交了"六六舰队"的造舰方案，即维持日本海军拥有舰龄不超过8年的新式6艘战列舰和6艘一等巡洋舰。然而更先进的战舰意味着更昂贵的花费。整个方案花费2亿日元，而日本全国的每年财政预算还不到1亿日元，简直如痴人说梦。国会当然不会同意这个疯狂的海军发展蓝图，就是不同意拨款。在日俄战争爆发前，就连"三笠"号也差点胎死腹中。还是山本老伙计强硬，作为海军大臣，他冒着切腹谢罪的风险，挪用经费才建设完成了"三笠"号。事已至此，国会也无可奈何，原谅了违宪的山本，重新拨款填补了漏洞。我想那些高高在上的议员们其实同我们一样，也有一个宏伟的帝国海军梦吧！

我站在"三笠"号的瞭望台上，重温着这些往事，任凭海风吹过脸颊，大浪打在肩头而纹丝不动。只要歼灭了俄罗斯第二太平洋舰队，这个梦就能够成真，我有着无比的信心。

"Z"字旗和圣安德烈旗

浓雾虽然渐渐散去，但海风海浪愈发猛烈，就连巨大的"三笠"号也在狂澜中上下颠簸、左右摇晃。联合舰队的那些只有100吨左右的鱼雷艇更是不能自持，随时有倾覆的危险。无奈之下，我只好命令所有小型舰艇离开队列，回到岸边待机。尽管损失了一点战斗力，可我还是比较满意当前的天气状况。浪越大对敌人的影响就越大。这显然对训练有素、习惯大风大浪的日本炮手更为有利。想当年元朝的入侵大军就是在这一带海面遭遇"神风"而全军覆没，如今狂风又起，隐隐预示着上苍也将给予联合舰队以庇护。

10点钟后，官兵们已做完了所有准备工作，静静地待在休息室内。"三笠"号是联合舰队的总旗舰，除非丧失战斗力，否则必须自始至终行驶在阵列的最前端，而桅杆上的帅旗自然是敌舰火炮的标靶。这里是最荣耀的岗位，也是最危险的地方。大战来临，这些在旅顺封锁战中已经接受过战火洗礼的年轻人仍不免紧张。秋山拿着笔记本胡乱写着什么，口中念念有词；加藤参谋长因紧张过度，神经性胃痛又犯了，咬着牙坚守在瞭望台；我表面上看上去一丝不乱，其实握着剑柄的左手早已汗涔涔的。这个时候，每个人都很忐忑，都在寻思："我能活过今天吗？"

"开饭。"我下达了新命令。虽然现在不是吃午饭的时候，但与其坐着无所事事胡思乱想，不如找点事情让官兵们转移注意力。而且我预计我们将在13点左右与俄国舰队遭遇，一旦开始交战就没有时间吃饭了。用饭完毕后，不管会不会吸烟，每个人都分得了一根印有菊花纹章的香烟。

随后舰长伊地知彦次郎大佐开始向"三笠"号上的官兵训话："这是本官最后的训示。今天是决定国家命运的日子。不惜战斗到一兵一卒，也要全歼敌人舰队，一艘也不能放跑。本官绝不苟且性命，诸君要加倍努力，要有以死殉国的觉悟。"

"三笠"号上一片沉寂。在决战即将来临的时刻，再勇敢的战士也会感到紧张和害怕吧。

"为国捐躯，正是武士最大的光荣。让我们欢呼最后的万岁吧！"伊地知舰长抬起双臂高呼："大日本帝国万岁！"

"万岁！"甲板上全体官兵犹如上了发条的人偶，也都齐刷刷地举起双臂，声嘶力竭地叫喊着。

"天皇陛下万岁！"

"大日本帝国海军万岁！"

"万岁！"

然后所有人将发到手中的日本清酒一饮而尽。

根据侦察舰发回的敌舰队情报，"三笠"号也相应不断修改航线。薄雾中的能见度有 5 海里。尽管看不到海平线，但我仍能感觉到敌人马上就将从雾中冲出来。两支舰队似乎因为巨大的质量而相互吸引，不可避免地最终相撞。

乳白色的雾气笼罩在"三笠"号周围，远处的海面上方犹如放置了一卷洁白的画布。忽然一个模糊的黑点开始隐现，然后它就像墨汁滴在了宣纸上那样浸润开来，黑影越来越大，轮廓越来越清晰，直到在望远镜中一览无遗。

"'苏沃洛夫公爵'号！"有人惊呼道。此刻是 13 点 39 分。

"苏沃洛夫公爵"号冲出薄雾，出现在我们面前。

正是它，俄罗斯第二太平洋舰队的总旗舰。我无数次地研究过这艘战舰的性能，凝视过它的照片，现在终于亲眼见到了这艘以伟大军事家苏沃洛夫元帅名字命名的战列舰。它威风凛凛地一往直前。一面圣安德烈海军旗高高飘扬在舰艉，代表着它来自强大的俄罗斯。

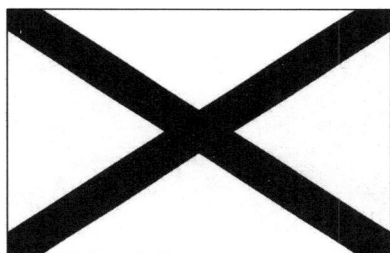

来敌的舰尾飘扬着圣安德烈海军旗。

"苏沃洛夫公爵"号排水量 13500 吨，同"三笠"号一样，也装备了 4 门两联装 12 英寸主炮，在火力、装甲厚度、航速等指标上都能够同"三笠"号相媲美。然而与"三笠"号灰色涂装全然不同，"苏沃洛夫公爵"号全身漆黑，两支高耸的冒着滚滚浓烟的烟囱刷成了亮黄色，在雾气中俨然是极好的靶子。也许罗杰斯特文斯基司令是个优秀的美学家，可惜军舰的战斗力和刷漆美观程度没有相关性。哦不，就"苏沃洛夫公爵"号而言，简直就是负相关。

越来越多的俄国战舰出现在视野内。

"这是什么阵型？"我在心里嘀咕着。乍一看像两列纵队，不过中间夹杂着其他非主力舰，似乎又是三列纵队；再仔细观察，每一列排列也不整齐，整个舰队挤成一团。这种奇怪的阵型是罗杰斯特文斯基的创新还是指挥不善呢？但愿是后者。

"距离，12000米。"负责测量敌舰距离的长谷川清少尉[1]大声汇报道。

"长官，信号旗准备好了，可以升起吗？"秋山真之提醒我道。

"嗯。"我对秋山点点头。秋山马上向信号官挥手，四色的"Z"字旗飞快地升上桅杆顶端。

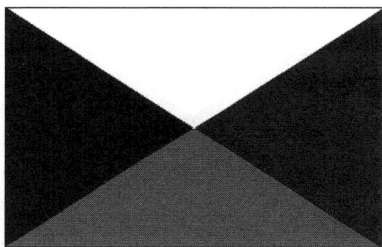

我们的信号旗——四色的"Z"字旗，
沿顺时针方向从上开始分别为黄色、蓝色、红色、黑色。

各舰航海长见到这面旗帜后，会翻看我在战前就预先设定好的信号书，将信息很快翻译出来。

联合舰队所有战舰上，也包括"三笠"号上，通信兵手持扩声筒在甲板上来回奔跑，高呼："长官训示：皇国兴废，在此一战。全员须加倍奋发努力。[2]"各条传声筒也工作起来，同样的训示逐步下传，一直到炮位、武器库乃至锅炉房。我确信联合舰队每个人都能听到这条命令，我也确信每个人都将满怀最大的激情同敌人战斗。不成功便成仁，这就是帝国海军的宿命。

[1] 长谷川清在本文中还只是一名低阶军官，日后他成为海军大将，参与了侵华战争。长谷川清曾作为战争罪嫌疑人被捕，但最后被苏、美方无罪释放了。
[2] 东乡平八郎在英国留学多年，自然十分熟悉英国海军名将纳尔逊勋爵的那句著名的旗语："英格兰相信所有人都恪尽职守。"有理由相信东乡学习了前辈的经验。他很成功，这段训示也成为日本海军史上的名言。

"U" 字大回头

"长官，请进入司令塔指挥。"随着敌我双方的距离越来越近，秋山参谋提醒我道。

同完全暴露在外的舰桥瞭望台相比，司令塔是一个被 14 英寸厚装甲所包围的封闭空间，仅在人的视线高度割开了一条观察缝，这样才可以有效地保护在其内部隐蔽的指挥人员。相对而言，那里是"三笠"号上最安全的地方。不过司令塔里视野狭窄，根本看不清整体战况，再加上一群参谋在小小的空间里吵吵嚷嚷，哪里能够安心指挥呢！

我摇摇头说："我就在这里指挥。"

就算是我的固执吧，我坚持要留在瞭望台指挥整体作战行动。

加藤友三郎参谋长着急了，再三恳请我离开瞭望台，最后还提高音量说："炮战开始后，这里太危险了。请您务必进到里面去！"

我转过身，对着身后的参谋们说："我老了，也就这样了。你们这些年轻人将来还要为国效力，你们要自重。我留在这里，你们都进去吧。"

见我留意已决，加藤参谋长只好同意说："那我和秋山参谋留下陪同长官，其余人全部下去。"

参谋幕僚们虽然不情不愿，但还是遵令一一离开。全体参谋都集中在一个易被攻击的地方当然很不明智，适度的分散是必须的。

"三笠"号行驶在队列的最前面，毫无疑问，俄国战舰一定将以最猛烈的炮火来攻击这艘旗舰。其实我真正的目的是以自己的性命为筹码，激励联合舰队所有官兵拼死奋战。联合舰队的最高司令官都不惧死亡，站立在枪林弹雨的最前线，士气无疑将更加高昂。当然，我早已将个人生死置之度外。如果能像纳尔逊勋爵那样在最后一场战斗中带着决定性的胜利死去，此心光明，亦复何言？

"距离，10000！"

我再次举起望远镜观察，才一会儿工夫，镜筒中的俄国舰队已经近在咫尺。双方接近速度非常快。只见"苏沃洛夫公爵"号一马当先，速度大约12节，航向东北偏北，正指向符拉迪沃斯托克方向。经过前期的机动寻敌，联合舰队正好同俄国舰队相向而行，速度15节。两支舰队很快将以27节的相对速度擦肩而过。

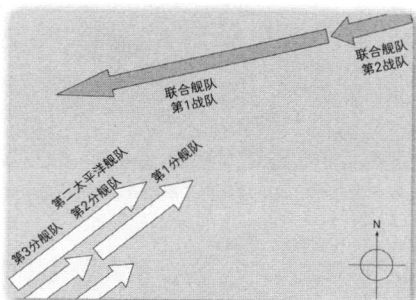

（1905.05.27 13:55）

第一次交锋，两支舰队擦肩而过。

"炮击时间太短了。"我心里不禁暗暗叫苦。这样的短促互射很难达到全歼敌人的战果。大概放不了四五轮炮，两支舰队就分道扬镳，俄国人将如愿进入符拉迪沃斯托克；而联合舰队就不得不再调头追赶，原本设计的歼灭战将变成追逐战。哪怕一艘敌人主力舰逃进符拉迪沃斯托克，都会严重威胁我军海上补给线，战争就将无限地拖下去，那时参谋本部最担心的情况就会发生：日本因国力难支而宣布战争失败。

敌舰队拥有的大口径炮比联合舰队多，而联合舰队在小口径速射炮上占有优势。在短时间炮战中，小口径炮就算命中数发，也难以击毁敌舰；可万一敌人的大口径炮一发中的，则很可能击沉我舰。但如果形成两舰队同向而行的态势，联合舰队的速射炮就将发挥优势，给予敌人持续不断的打击。

"绝对歼灭俄国舰队。"这是我觐见天皇陛下时做出的保证。现在该如何是好呢？

"距离，8500！"

一同留在瞭望台的安保清种少佐按捺不住，向我和加藤少将吼道："已经8500米了。"安保少佐是"三笠"号的炮术长，负责对全舰所有火炮发出统一的指令。这也是联合舰队的一项创新，即各火炮单位不论是主炮或副炮都根据炮术长的命令调整射击诸元，而非各自为战。这样可以集中火力攻击敌舰，将杀伤力大幅提高。

安保清种少佐一会儿盯着计时秒表，一会儿推开长谷川清少尉亲自测距。作为指挥全舰武器系统的军官，他必须在极短的时间内综合各项数据，诸如敌我航速、方向、距离、风速、风向、浪高等，向炮台发布指令。战列舰对战讲究先发制人，能够先于敌舰发射无疑就占有了一点优势。8500米是12英寸主炮的有效射击距离，因此安保少佐急切地等着我下令开炮，以抓住首攻的时机。

加藤参谋长不动声色说道："炮术长，你再测一遍'苏沃洛夫公爵'号的距离。"

"什么，不是刚刚才测量过了么？"安保大概急昏了头，竟然顶撞起参谋长来。他一定在想这个时候应该给他下达发射命令，而不是让他干少尉就能干的活。

"8000 米！"安保惊呼。接近速度超乎寻常地快，不能再沉默下去了，安保嚷道："到底在哪边炮击？"左舷和右舷的射击参数大不一样，如果不提前预设的话，很可能就会被敌人压制，蒙受损失。这个时候安保清种少佐完全忘记了自己的立场，对着我和参谋长吼叫着。

我缓缓举起右臂，略作停顿后，从上到左逆时针挥了四分之一圈。一时间大家都惊呆了，这不是他们期待已久的射击命令。我微微扭过身子，对着加藤点点头，加藤似乎理解了我的想法，对伊地知舰长命令道："左满舵。"

"左满舵？"舰长怀疑听错了。

"没错，左满舵。"

"三笠"号开始剧烈地抖动。在离心力的作用下，我必须死死抓住栏杆才不会摔倒。

我向一生中最大的赌博下注了。这一次我赌的是我的声誉、联合舰队的存亡和大日本帝国的国运。

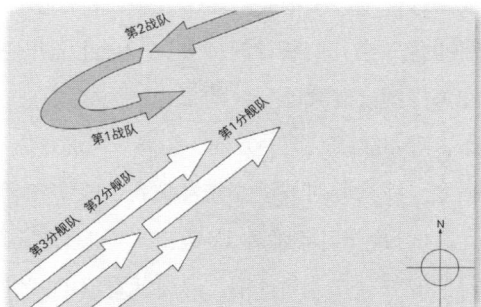

（1905.05.27 14:05）

以"三笠"号为首，联合舰队左满舵调头紧追俄国舰队。

14 时 05 分，"U"字大回头开始。

好运的东乡

大家都说我是一个有好运气的人。如果原来我对这种说法嗤之以鼻的话，此刻我真心祈祷上天的眷顾。

在敌舰的射程内，在接近敌舰的过程中大幅度调头，这是海军战术中最大的忌讳，而联合舰队采取跟紧领航舰，依次转向的行动更是违背基本常识的大冒险。在转向过程中，联合舰队的舰只彼此遮挡，完全无法开炮。更要命的是，因为所有军舰都必须逐次通过"U"字的底端，对俄国炮手而言，这个点就是固定不动的靶点。只要俄国战舰集合所有大炮对准这个地方，日本战舰就会一艘接着一艘中弹。如果从高空向下俯视，这时联合舰队作为一个整体，看上去似乎是静止不动的。

这是失败概率很大的风险，不过为了取得全胜，我只能这样了。要么成就千秋伟业，要么以海战史上最尴尬的阵型永载史册。所谓名将和蠢将之间的差别也许就是这一点点运气吧。可是东乡，你真的好运么？

14 时 08 分，我看见"苏沃洛夫公爵"号的主炮上升腾起两股黑烟，两团火光从炮口一闪而过。敌人的反应非常迅速。一般而言，从下达发射指令，到调整射击参数，到最后击发需要约 2 分半钟的时间。罗杰斯特文斯基只用了半分钟就确认了联合舰队的动向，在第一时间就抓住了机会，抢先出手，看来他并非庸才啊！把希望寄托在敌人的失误上，是不是太冒进了？

舰桥上所有人都呆呆地望着天空，还在飞翔的炮弹将落在哪里呢？

　　我和参谋们曾经仔细研究过俄国舰队的射击水平。1904年我们同俄罗斯第一太平洋舰队作战时，他们的命中率只有1%[①]，而这支东拼西凑组建起来的第二舰队的作战素质更差。从欧洲传回的情报表明，第二舰队训练严重不足、人员素质参差不齐，再加上长途跋涉军心不稳，在大风大浪中，他们的命中率应该更低。可惜这都是理论上的计算。1%的命中率也可能造成100%的破坏，让联合舰队在接下来的十几分钟内被击溃；但是如果放任俄罗斯舰队扬长而去，日本就会被漫长的战争拖死。既然反正是死，不如让我来承担这个责任吧。

　　回顾我的履历，也许还真有些运气。1871年政府派遣留学生去英国学习现代航海，我是12名学生之一；1892年海军大整编，我本已被列入下岗名单之中，却又多亏了老朋友山本权兵卫作保，我才得以留在海军现役；1894年日清战争，我擅自下令击沉英籍运输船"高升"号，差点上了军事法庭，后来居然得到英国学者替我辩护，才免于处罚；而我之所以能够当上联合舰队司令官，更是令人匪夷所思。

　　日俄战争开始前，我是舞鹤镇守府司令官。这是给即将退休的将官养老的闲职，不出意外的话，我将以中将军衔退役。当时日本常备舰队司令官是晋升大将指日可待的日高壮之丞中将。他也是萨摩藩人，同山本权兵卫的私交十分紧密，在日清战争时就是主力舰"桥立"号的舰长，而我当时只是巡洋舰的舰长。一般而言，在战争期间组建联合舰队，其司令管理所应当由现役常备舰队司令官担任。可是让所有人都大跌眼镜的是，山本海相居然将我和日高换了个位置。这在论资排辈的军队系统中算是极其出格的事件，气得日高拔出短剑差点要在山本面前自杀。后来连天皇也被惊动

---

① 据战史研究表明，在中国黄海海战中，俄方共发射了3400发炮弹，仅命中32发。

了，纳闷地问山本为什么选择我这个名不见经传的矮小老头作为司令官。坊间传闻山本当时居然回答说："这个男人运气不错。"我的天照大神，还有比这更不靠谱的回答吗？现在回想起来，这就同我一口咬定俄国舰队要走对马海峡一样，既然怎么解释都会有人反对，还不如用一个不着调的理由把这些人的臭嘴先封上。

其实日高中将的能力和资历都无懈可击，他最大的缺点就是过于独断专行，山本海相担心一旦将之放手在外，此人就不受中央控制，这样帝国在战略层面上难以做到军政军令、海军陆军的绝对统一。我则平时少言寡语，不爱出风头，看上去比较听话，因此更符合他们的要求。对此我心知肚明，在接受任命时对山本说："一定服从大本营的指挥。但是战场指挥权完全在我。"山本欣然同意。他果然没有食言，在如判断俄国舰队是否通过对马海峡等决策上，大本营没有向我施加任何压力和"高明的指导"。

所谓好运恶运，都是事后诸葛亮们自以为是的总结。作为胜利者，好运自然是胜利的必要条件；反之作为失败者，歹运却是失败的充分条件。对于未知的命运，"天助神佑"有时候还是要相信的。

恶运的俄国海军司令官一号

敌人的不幸就是自己的大幸。日俄战争开始后，俄罗斯帝国的两任太平洋舰队司令官都逃脱不了死于非命的魔咒。这也算是我的运气吧！

第一个不幸的人是马卡洛夫将军。马克洛夫中将是俄军中少有的从非贵族阶层晋升到上层的军人。他除了是一个优秀的海军高级军官外，还是著名的发明家、探险家、海洋学家、海军工程学家。这个人能够像普通水兵一样爬上高高的桅杆；也能够像低级尉官那样亲自指挥鱼雷发射；更是一个杰出的舰队指挥官，在指挥室里运筹帷幄。1904 年 3 月，马卡洛夫接任战绩不佳的斯达尔克海军中将，正式担任俄罗斯第一太平洋舰队司令官。大概这是尼古拉二世在战争期间做出的少有的正确决定之一。

我是马卡洛夫将军著作的忠实读者。他撰写的《论海军战术问题》，全面论述了装甲舰队舰艇作战的基本原理，可以说是全世界舰队司令的必读教材。我将这本书翻看了十几遍，不仅对其中的内容观点了若指掌，还对马卡洛夫本人的性格特点也揣摩了一番。这个俄国人从实践到理论，从作战到工程无一不精、无所不通，必将是个很难对付的敌人。果不其然，他一到旅顺，整个第一太平洋舰队就面貌一新。我不得不承认，一个兼具魅力与能力的人确实能够改变似乎没有希望的困局。

马卡洛夫采取了积极防御的策略。他一方面耐心等待波罗的海舰队的增援，避免同联合舰队过早决战；另一方面也不时派遣战舰出港挑衅，寻找战机，如果局势不利就退回旅顺港躲在要塞炮的保护之下。这种劳逸结合、且战且守、保本优先、争取占便宜的战法着实让联合舰队感到棘手，就连最聪明的秋山参谋也无可奈何，只能建议在旅顺港口外铺设水雷来碰碰运气。马卡洛夫是水雷和鱼雷战专家。历史上第一次用鱼雷击沉敌舰的战例就是他的杰作。如果他说自己的雷击战术水平第二，全世界就没人敢说自己是第一。我自然不会寄希望于水雷，但如果能限制这支远东舰队的活动范围的话，也未尝不可。

1904 年 4 月 13 日破晓时分，联合舰队的布雷艇"蛟龙丸"和护航的"雷"、"胧"、"电"、"曙" 4 艘驱逐舰在完成布雷任务返航途中，发现了 1 艘巡逻的俄国小型驱逐舰"斯特拉什尼"号，于是顺手就干掉了它。很快驱逐舰的克星——巡洋舰"巴扬"号气势汹汹前来报仇。就像扑克牌里的国王 K、皇后 Q 和杰克 J，官大一级压死人。面对巡洋舰，联合舰队的驱逐舰再多也不是对手，立即后撤。与此同时，第3战队的出羽重远少将命令6艘巡洋舰去增援。俄国人不甘示弱，派出了他们的K牌——战列舰出战，其中更有太平洋舰队的旗舰A牌"彼得罗巴浦洛夫斯克"号。马卡洛夫将军亲自出马，我也不敢怠慢，连忙率领"三笠"号等战列舰迎敌。就像滚雪球似的，一艘240吨级的小小驱逐舰吸引了大批战舰聚集，即将引发一场令我期待已久的舰队决战。

马卡洛夫不愧是名将，在最后关头他也没有忘记俄国舰队当前的战略任务是等待增援而非仓促决战，所以及时收手，向旅顺港返航。就在我失望之时，前方突然传来一声爆炸，很快又是一声爆炸，而后俄国舰队中出现浓浓烟雾。距离太远，一般望远镜看不真切。我举起自己私人购买的那支德国蔡司八倍望远镜观察后，对大家说："是'彼得罗巴浦洛夫斯克'号。"

2分钟后，这艘1.1万吨级的战列舰连同马卡洛夫中将就在黑色浓烟、白色水雾和斑斓的爆炸闪光中沉入旅顺口外2海里的海底。

所有人都惊呆了，这是被幸运之神重重敲击脑袋后的思维空白。噩梦般的马卡洛夫就这样命丧黄泉，真是难以置信！

这真是巨大的意外——令人生畏的敌舰"彼得罗巴浦洛夫斯克"号竟然撞上水雷，殉爆沉海。

事后我才知道"彼得罗巴浦洛夫斯克"号沉没的概况。它在"蛟龙丸"刚刚布雷的那片海域撞上了至少1枚，也许2枚水雷，然后导致弹药舱、发动机、锅炉连锁爆炸。马卡洛夫是水雷战术专家，一生谨慎，怎么会忘记扫雷这样的常规动作呢？马卡洛夫的阵亡当然对日本有利，可我也不免有些惆怅。我曾经希望同马卡洛夫在战场上堂堂正正地一决胜负，可惜他就这样莫名其妙地死了，溯其原因竟然是为了替一艘无关紧要的驱逐舰报仇。难道这就是命运的捉弄吗？

恶运的俄国海军司令官二号

第二个不走运的人是马卡洛夫将军的继任者维特甫特中将。这个人据说人品还不错，待人公正诚实，如果作为舰队副指挥官或基地司令官也许还人合其位。不过作为太平洋舰队的一把手，维特甫特显然不具备马卡洛夫那样的人格魅力，手下的将官和水兵们对他并不服气；而且他也不是一个好的战略家，一味对上唯唯诺诺，毫无主见。

他接手的俄罗斯第一太平洋舰队在马卡洛夫的死亡阴影下士气低落，整个舰队笼罩在毫无生气的气氛之中。既然被联合舰队封锁不能出港，手下又不认真干活，上级也没什么好主意，他干脆就被动地等待增援舰队的到来。在这种消极防御的思想指导下，维特甫特一改马卡洛夫的进取之态，每天得过且过。不过他确实不用担心，一旦与增援舰队会师，太平洋舰队就会有两倍于联合舰队的规模，我东乡平八郎就算有三头六臂也不可能取胜。

不过俄军在乃木希典的疯狂进攻下，旅顺要塞也感到压力巨大，致使俄国高层担心一旦要塞不保，连这支太平洋舰队也要跟着覆灭，还不如现在就离开旅顺，北上到符拉迪沃斯托克待机。1904 年 8 月 10 日，维特甫特中将在尼古拉二世的命令下带领舰队倾巢出动。

对于敌人的动向，我是有喜有忧。喜的是终于有机会同敌舰队决战而不用担心波罗的海舰队到来时腹背受敌；忧的是万一太平洋舰队成功逃离封锁进入符拉迪沃斯托克，日本就将陷入十分不利的战略态势①。此刻联合舰队别无选择，既然狐狸，不，是战力犹存的老虎已经出动，实力不济的猎人就只能硬着头皮出发。猎人的处境实在很纠结：既不能让老虎去符拉迪沃斯托克，也不能让它回到旅顺港，所以必须放手战斗不计损失；但猎人在打死老虎后还必须毫发无损地等待第二头同样嚣张的老虎，所以应该稳扎稳打保存实力。我到底该如何协调这两种截然相反的目标呢？

当天 13 点，联合舰队在旅顺口外 30 海里处同维特甫特舰队相遇。日俄战争中的黄海海战打响。

交战伊始，联合舰队的战术完全没能发挥出来。为了截住俄国舰队，秋山参谋预先设计了"T"字战法，即将联合舰队当作 T 字上的一横来阻拦急匆匆前往符拉迪沃斯托克的太平洋舰队。然而战术并不成功，维特甫特对机动航行颇有心得，通过多次变线，联合舰队的那一横始终没能压制住敌人的那一竖。当时俄国舰队的实力同联合舰队不相上下，维特甫特可战可走。然而我错误低估了维特甫特逃跑的决心，一门心思要同他决战，结果反而让他跑出了封锁线。再这么下去天就黑了，到那时连敌舰都看不清，更别说还要在上面炸出一个窟窿。

维特甫特就这样死命地跑，我就这样拼命地追，命运之神终于在 17 点 30 分左右对我露出了微笑。为了照顾因受伤而行动迟

---

① 其原因同前文所述不能让俄罗斯第二太平洋舰队进入符拉迪沃斯托克一样。

缓的战列舰"列特维赞"号，维特甫特降低了整个舰队的航速以免其掉队，结果让联合舰队逮个正着。他很快就会为这一时糊涂付出代价。

炮战继续。双方均有不同程度的受损，战斗不分胜负。18点37分，命运之神心情更好了，开始对我开怀大笑——一发炮弹不偏不倚击中了俄国舰队旗舰"太子"号战列舰的司令塔，待在里面的维特甫特和他的参谋助手们顷刻间就被炸得尸骨无存。更绝妙的是，死去的"太子"号舵手倒下时身体压在了船舵上，导致"太子"号开始左满舵运动。而后面的俄国战舰不知道太平洋舰队司令部和"太子"号指挥部的要员们已经变成了一堆血肉混合物，二号舰、三号舰不明就里也跟着打转。于是整支俄国舰队就像转圈的蛇一样，绕了一个大圈后，差点咬着了尾部的四号舰。直到这时俄国人才意识到出了问题，但为时已晚。整个舰队乱作一团，失去了统一指挥，各战舰只好自行决定去留。结果在上海、胶州湾、甚至西贡①都出现了四散逃逸的俄国军舰；剩下的多数军舰又重新回到旅顺港，此后也没有任何作为，甚至连舰上的火炮也被拆下来搬到岸上协助要塞防御。这支太平洋舰队又苟延残喘了4个月，直到日本陆军占领旅顺城外的203高地后，才被乃木希典架设的巨型榴弹炮一一击沉。

在混战中我搞不清究竟是哪艘战舰的炮弹击中了敌人的旗舰。这上天的垂青来得既突然又及时。如果维特甫特不死，这支远东舰队至少有一大半能够进入符拉迪沃斯托克；如果符拉迪沃斯托克的敌舰持续攻击我补给线，在满洲的陆军早就被俄国人消灭或自己玉碎了；如果陆军失败，海军也无法获得制海权，这场战争就是日本的末日。幸亏这些如果没有变成现实，直到现在我还很后怕。

---

① 即现在的越南胡志明市。

我们最终取得了日俄黄海海战的胜利！

运气总是在最关键的时刻到来。

就在这电光石火之间，第一发接近半吨重的炮弹呼啸着在"三笠"号左舷前方坠入海中，剧烈的爆炸激起参天水柱，将我和下属们淋湿了一身。

果然偏了！

"T"字战法

第一发炮弹是很难打中的；但是通过观察这枚炮弹的弹着点，敌人可以修正发射参数，从而在接下来的攻击中提高命中率。我除了命令"三笠"号全速运动，加快完成"U"字大回头外，对敌人的行动无能为力，只能期盼他们的炮手如我所愿：个个都秉承俄罗斯酒鬼的光荣传统，眼发呆、手发抖、腿发颤、头发昏。这自然是聊以自慰的玩笑，可惜我一点也笑不出来。

炮弹雨点般接踵而来。此刻敌舰队所有在射程之内的大小火炮都争先恐后地向我站立的旗舰开火。一时间海面上炮声隆隆，硝烟四起。全舰队完成转向至少需要 15 分钟。在此期间飘扬着帅旗的"三笠"号将承受敌人的集中打击。这是单方面的暴力,我压制住立即还击的冲动,等待最佳时机。现代的海战方式同 19 世纪初纳尔逊时代的方式大不相同了,我必须做到让舰队自始至终能够协同作战,而非各自单打独斗。为此我早已抱定主意,就算牺牲掉"三笠"号,只要能实现联合舰队布阵"T"字战法,也是值得的。如果我不幸阵亡,"三笠"号被击沉,跟在我后面的二号舰"敷岛"号就将引领舰队,而如果"敷岛"号沉没了就换三号舰"富士"号……以此类推。一定要压制第二太平洋舰队,即使牺牲掉联合舰队的全部主力舰也在所不惜。

尽管舰身周围形成了由无数根水柱组成的白色森林,但就在"三笠"号转向途中,似乎真有一张无形的保护网将致命的炮弹弹开。"三笠"号使尽全力,在吱嘎声响中完成了转向动作后,其右舷正对着俄国舰队的旗舰"苏沃洛夫公爵"号。

"距离:7500。"观测员长谷川清不断修正新的数字。

"再等等。"我对自己说着,丝毫不理会安保清种炮术长几乎疯狂的咆哮。我一直坚信"一门百发百中的大炮胜过一百门百发仅中一的大炮"。12 英寸主炮在 7000 米之内才是最佳射击距离。敌人越来越近,我已经能够看见"苏沃洛夫公爵"号上忙碌的水手们在填弹、发射。我再一次高高举起右手,然后猛地向下一挥。与此同时,测距仪边传来声音:"6400。"

安保清种顿时恢复了一个优秀军官的冷静。他压抑住兴奋,对着传声筒向传令兵发出一连串射击参数命令。14 时 10 分,"三笠"号开始了第一轮齐射。后面的"敷岛"、"富士"、"朝日"、"春日"、"日进"等舰也在一一完成转向后,立即加入到炮火反击中。然而此时整支联合舰队还没完成转向,俄国舰队仍然占有极大的火力优势。

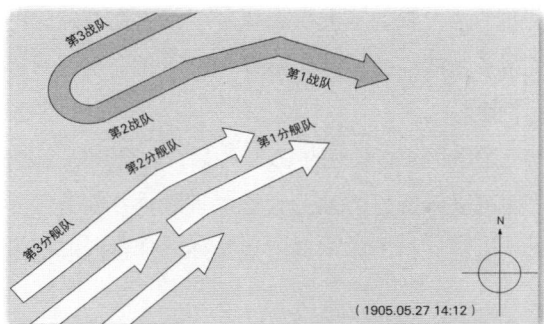

（1905.05.27 14：12）

联合舰队的转向尚未完成，双方再度交火，每一分每一秒都弥足珍贵。

14 点 13 分，敌舰队开始炮击整整 5 分钟后，"三笠"号吃到了第一颗炮弹，前部烟囱被击穿。幸好这颗炮弹引信失效没有爆炸，而是飞跑了。虽然对俄国人而言有些迟缓，但他们毕竟找到了准头，后续的炮弹便一颗接着一颗纷纷击中了"三笠"号的不同部位。"三笠"号上就像地狱一样充斥着火光、浓烟和伤者的哀号。其中一发炮弹击中了本应由我坐镇的全舰防护最严密的地方——司令塔，里面的所有人员在爆炸中当场受伤，随后被抬下火线。可怜那些年轻的参谋们因为我的命令而遭此厄运。但是舰桥上的瞭望塔也并非因沾有我的好运而安全无虞。一块不知从哪里飞来的弹片插进了距我仅半个手臂的罗经仪上。我摸摸还在冒着热气的弹片，暗想：还好罗经仪早已用吊床捆扎包裹好，所以并未损坏。回头看看加藤友三郎，他在腰间比划着，示意如果弹片稍稍偏一点，我就会被切成上下两截。大惊小怪。我没有理会参谋长，而是继续观察海面上的战况。

在整个对马海战之中，尽管弹片横飞，可就是没有一发炮弹在"三笠"号的瞭望台附近爆炸。如果我当时知道这些炮弹可能炸死日后的一个元帅（我自己）、一个首相（加藤友三郎）、两个大将（安保清种、长谷川清），以及两个中将（秋山真之、伊地知彦次郎），大概就不会那么执着于站立在最危险的地方。不论怎样，除了发神经的那一个不算，上述几个人万幸都四肢齐全健康地活了挺久。

14 点 20 分，经过漫长的 15 分钟后，联合舰队全体完成转向，俄国舰队都已进入我方右舷的大炮射程之内。我方除了"浅间"号巡洋舰舵机损坏，不得不退出战斗外，其余战舰仍维持了相当的战斗力。

交战中，"浅间"号巡洋舰舵机损坏，不得不退出战斗。

此刻，敌我双方的距离对战列舰而言，几乎等同于陆军的肉搏战。整支舰队的所谓战术配合都已不必谈了，只管瞄着最近的目标发射就是。尽管战斗初期境况惨烈，但战前联合舰队高强度的训练发挥了作用，舰员们的士气不减，仍然组织得当，所有未受损的火炮没有一门减慢发射速度。命运的天平已经开始向我方倾斜。

"就地解决大小便，任何人不准离开炮位。"

为了最大程度提高战斗效率，我下达了新的命令。我感觉有些滑稽。在平时，我们的战舰可以用一尘不染来形容，"三笠"

号的甲板可以说比水手的内裤还干净，厕所比主妇的厨房还清新。这并非我有洁癖，而是全世界所有组织良好的海军都对战舰有着一种近乎原始的崇拜。她是有生命的钢铁，是有活力的机械，一旦附着上有精神的人，战舰就是古往今来威力最大的武器。可以随地大小便，真有趣。无论如何，一艘臭气熏天的战舰总比光鲜堂皇的沉船强百倍。

一对好搭档

联合舰队已经死死压制住了第二太平洋舰队的前进方向，其右舷炮火可以集中向敌舰队倾泻炮弹，形成局部火力优势。敌人不得已开始向右转向，偏离了前往符拉迪沃斯托克的航向。渐渐地，"T"字阵型的直角夹角成了锐角，形成一个"イ"形，两支舰队开始大致平行同向前进。

这正合我意，敌前大转向完全达到了战术目的。联合舰队可以利用自己的小口径炮射速高、命中率高的优势，在长时间的炮战中歼灭敌人。与去年同俄罗斯第一太平洋舰队进行的日俄黄海海战不同，这一次我不必保存实力，可以放手一搏，一定要全歼第二舰队才能善罢甘休。

古语云："擒贼先擒王，射人先射马。"联合舰队的火力都集中于俄国舰队总旗舰兼第1分舰队旗舰——"苏沃洛夫公爵"号和第2分舰队的旗舰——"奥斯利亚比亚"号战列舰上。很快"奥斯利亚比亚"号的主桅杆倾倒，烟囱被打得千疮百孔，大火在其舰体上四处蔓延。无处可逃的俄国官兵们要么被致命的毒烟和炽热的火焰所包围；要么自己跳入滚滚波涛命丧大海。

这就是下濑火药和伊集院信管的威力。

俄罗斯第二太平洋舰队第2分舰队的旗舰"奥斯利亚比亚"号战列舰被击沉!

　　这种火药是工程师下濑雅允在 1891 年以苦味酸为主要成分所配置的烈性炸药，据悉其威力相当于当时主流海军炮弹所填充的棉火药的 10 倍以上，是日本独有的技术。更特殊的是，下濑火药爆炸后就会引燃大火，其 3000℃的高温足以将附近所有物件，包括钢铁融化，从而大量杀伤人员并破坏设备。不仅如此，联合舰队还装备使用了极其灵敏的伊集院信管。这种引信简直是恶魔的产物，它碰上任何东西，甚至细细的缆绳都会触发炮弹爆炸。与之相反，俄国人配备的是穿甲弹，企图依靠物理撞击来击穿舰体装甲，然后在舰体内部爆炸。因此他们的炮弹引信不敏感，否则在撞击时就爆炸了。但是敏感的程度很难把握，"三笠"号上就还静静躺着很多俄国人送来的没有发挥作用的炮弹。我可以确信，日本人送过去的炮弹一定更让俄国人难忘。

　　然而万事都有两面性。从好的方面说，下濑火药和伊集院信管很敏感，从坏的方面看，它们就是太不稳定，容易发生事故。

　　日俄战争结束后不久，"三笠"号在母港发生剧烈爆炸，沉入海底，连带死亡 339 人，比战争期间死的人还多。爆炸原因至今还众说纷纭，不过很可能是下濑火药和伊集院信管这对"好搭档"

的功劳①。

当我听闻事故发生，匆匆赶回佐世保基地时，原来停泊"三笠"号的码头空空如也，我简直不敢相信在残酷的战争中幸存的巨型战舰竟然这么快就从眼前消失。难道这是天意么？连上天也嫉妒日本的好运气，所以故意惩罚一下我们来维持世间的平衡。

七段战法

"30分钟就决定了大局。"战后，秋山参谋总是在各种场合念叨着这句话。的确，从联合舰队开始大回转到对敌形成压制性阵型，前后也就不过30分钟。之后对马海战还将持续一天一夜，但事后复盘研究，这30分钟既是联合舰队最危急的时刻，也是俄罗斯第二太平洋舰队获胜的唯一机会。他们没能来得及溜进这短暂开启的胜利大门，之后便无可避免地被失败的深渊越吸越深。

"奥斯利亚比亚"号的装甲厚达9英寸，足以抵抗一般的炮弹攻击。不过这仅仅是舰体水面上部分的指标。由于海水能起到一定的防护作用，且很难被攻击到，所以一般战舰的水下装甲都比较薄弱。当天日本海风急、海浪高，在颠簸中"奥斯利亚比亚"号吃水线以下的部分不时露出海面，正好被炮弹击中，给撕开了一条大口子，海水蜂拥灌入引起舰体倾斜。15点30分左右，"奥斯利亚比亚"号沉没，成为对马海战的第一个牺牲品。这时负责清扫战场的二等巡洋舰发来战报说，在"奥斯利亚比亚"号沉没

---

① 由于下濑火药有着不稳定这一致命缺点，所以在TNT炸药被发明出来后，下濑火药很快就退出了历史舞台。从风险概率上看，日本舰队发生爆炸事故是必然的，可是这些事故偏偏在战争期间愣是没发生，一直拖到战后。在东乡看来"三笠"号的遭遇是日本的不幸，可从另一个角度看，又真是太幸运了。

的海域，他们打捞起了装有第2分舰队司令弗尔克萨姆海军少将尸身的棺材。令人疑惑的是，"奥斯利亚比亚"号上一直挂着这位将军的帅旗啊，他是什么时候死的呢？难道在激烈的海战中，俄国人还有闲心给他收尸整理仪容①？

"战列舰也能被击沉啊！"秋山真之收到捷报后，按捺不住激动地说道。在这个年代，海军界普遍认为装甲防御的进步领先于巨炮的威力，用炮弹击沉敌舰是不可能的。联合舰队用事实粉碎了这个神话，而且很快，我们还将创造另一个海战史上的神话。

双方在炮火中且战且走，时而纠缠不分，时而散开独斗，时而近在咫尺，时而分进合围。到了19点太阳落下地平线后，双方主力战舰才拉开距离停止炮击。此时统计战果，俄国12艘主力战舰除了损失"奥斯利亚比亚"号之外，另有主力战列舰"亚历山大三世"号、"博罗季诺"号沉没，总旗舰"苏沃诺夫公爵"号和战列舰"鹰"号被打得千疮百孔，已经失去了战斗力。与之相比，联合舰队的损失几乎可以忽略不计，不论从哪个方面评价，这都是一次巨大的胜利。然而我从来没有忘记对天皇的誓言：不放一艘敌战舰进入符拉迪沃斯托克。

截至目前，我们已经取得了相当大的胜利，但这还不是全部。

① 关于这个谜团的答案，请参阅本文后的附文《罗杰斯特文斯基的18000海里海上武装大游行》。

剩下的敌舰仍然是日本的威胁，在夜间无法进行战舰炮战的时候，就是驱逐舰和鱼雷艇的舞台。秋山参谋的"七段战法"开始实施了。具体而言，在俄国舰队经过对马海峡朝符拉迪沃斯托克航行期间，秋山将五岛列岛同符拉迪沃斯托克之间的 600 海里划分成七段，计划用 4 天时间不分昼夜地对俄第二太平洋舰队实施攻击。其中 4 个白昼以主力战舰攻击，3 个夜晚用驱逐舰和鱼雷艇战斗。这个缜密的计划很快得到了我的批准。受制于当天发现敌人的时间和位置的原因，该战法的第一、二阶段没能施行。尽管损失了一整天的攻击时间，可看白天第三阶段的战斗超出想象的好，以这个势头，也许还能够提前结束战斗！

实在是太累了。从下午开始炮战到夜幕降临，我站在瞭望塔上接近 6 小时一动未动。夜幕降临后，我带着幕僚们视察了伤员舱室。里面血迹斑斑，喊痛声不绝于耳。

"伤员很多啊！"秋山悲哀地说。

"目前全舰共计阵亡 8 名，受伤 105 名。"一名军医汇报道。

我自言自语道："本来预计还要多一些的。"

也许声音大了点，我看见秋山脸上露出震惊的表情。

离开伤病舱后，我拖着几乎麻木的双腿回到长官室内。与此同时，秋山中佐还要带着浑身疲惫进入参谋室，撰写今天的战报。

这个年轻人如果不做军人，说不定会更有出息吧。他的军事素养在帝国海军中出类拔萃，可他略带神经质的个性将使他在军队中很难爬到最高层，实在委屈了这样的人才。如果他做一名学者或作家，是不是同样对日本有很大的贡献呢？

战争这种事情需要用强大的精神力量去面对，单纯依靠才智还远远不够。指挥官的任务不是为了降低己方伤亡的绝对数值，而是追求最大费效比。如果多死 1 个战士能够多消灭 2 个敌人，我是不会犹豫的。过多的人文关怀在战争中恐怕吃不开。

秋山曾多次表示退役后要出家当和尚，也许寻求空灵无争的佛门才是他最好的归宿。他之所以加入海军，还是他哥哥秋山好古逼迫所为。这个秋山好古也不简单，他此时是陆军第一支骑兵旅团的少将旅团长，正在满洲同俄国军队对峙。整个日本的命运在一定程度上依赖这两兄弟的发挥，真是不可思议啊！

次日（5月28日）是一个风平浪静的艳阳天。在距离符拉迪沃斯托克还有300海里的地方，联合舰队包围了俄国舰队的临时总旗舰"尼古拉一世"号。接任罗杰斯特文斯基中将的舰队指挥官涅博加托夫少将很快就打出了白旗。我派遣秋山参谋代表联合舰队前去受降。至此对马海战基本结束，剩下的不过就是肃清追剿不愿投降的残敌。秋山的"七段战法"仅仅实施了三步就完成了任务，前后耗上不到24小时。联合舰队获得了海战史上罕有的全胜。

"尼古拉一世"号投降。战后该舰更名为"壹岐"号，编入了日本海军序列。

恶运的俄国海军司令官三号和四号

此时罗杰斯特文斯基已不知所踪。

我原先以为他已经随着"苏沃洛夫公爵"号殉舰了，不过询问涅博加托夫少将后才知道他这个人对自己的性命是很看重的，想必在放弃舰队指挥权后，就逃到一艘小型舰艇上了。加藤参谋长疑惑地看着我，似乎在问，他为什么不去以死谢罪呢？死亡才是维护武士荣誉的唯一选择啊！

从炮战伊始，罗杰斯特文斯基就连同他的参谋团队躲在被厚厚的钢板所保护的司令塔内指挥战斗，未曾料联合舰队完成大转向后，竟然集中了6艘战舰来攻击它。炮弹雨点般地落在"苏沃洛夫公爵"号的甲板上、舰桥边、船舷侧，偌大的万吨巨舰竟然没有一处藏身之地。

四处飞散的弹片从司令塔墙壁上细细的观察缝中飞入，毫不留情地从人体上划过，所谓安全的司令塔刹那间变成了室内屠宰场。俄国舰队的整个指挥部不到30分钟就丧失了指挥能力。罗杰斯特文斯基的参谋们大多当即毙命，提督自己的头部、脚部受伤，浑身是血，几乎昏死过去。

"苏沃洛夫公爵"号是在27日19点左右被联合舰队的鱼雷艇击沉。与早已失去战斗意志并逃之夭夭的罗杰斯特文斯基形成鲜明对比的是，幸存下来的俄国官兵们在失去舰长指挥的情况下，一直战斗到了最后。直到沉没前1分钟，"苏沃洛夫公爵"号上仅存的一门3英寸尾炮仍然在发射。在昏暗的光线中，红色的发射火光一闪而过，分外绚丽，为这艘旗舰谱写了凄凉而英勇的绝唱。

俄国军人是好样的，任何时候都不乏视死如归的勇士，当然这不包括那些在宫廷斗争中游刃有余，战场上却怯懦愚蠢的贵族指挥官们。在需要牺牲的关键时刻，普通官兵竟然比高级军官更具备爱国情操。这正印证了一句古话：肉食者鄙。

罗杰斯特文斯基仓皇地在不同驱逐舰上辗转，最后于 28 日约 17 点被我方驱逐舰俘虏。这个身负重伤的三号恶运的人随后被送到佐世保海军医院疗伤。

罗杰斯特文斯基被我方俘获。

出于礼貌，我本应该回港后立即去探望他，不过一来罗杰斯特文斯基受伤后意识不清，二来我也确实没有诚意去安慰他受伤的尊严，所以直到 6 月 3 日我才带着秋山真之和法语翻译去了医院。这个躺在病床上的男人失去了提督的光环，了无生气的眼睛直直地盯着天花板。我早已忘记跟他说过哪些违心的客套话，但罗杰斯特文斯基似乎比较感动，用法语①表达了谢意，并表示败于我手下很欣慰。我心中冷笑：中将先生，难道你不应该首先自责么！

① 俄国上层皆以说法语为荣。即使在拿破仑入侵俄国期间，贵族们谈话都还是一串一串的法文。用现代的话说，当时俄国上层阶级都很"哈法"。

四号恶运的人当然就是那个被赶鸭子上架的涅博加托夫少将。当我看到他打出投降信号时，感到十分意外。虽然俄国舰队败局已定，可仍有战斗力的军舰未作抵抗就放下武器，实在为我难以理解。涅博加托夫作为战俘于 1906 年底被遣返回国。他和另外 3 名舰长被俄国军事法庭判处死刑。后来尼古拉二世开恩才将其刑期减为 10 年监禁。

"长官，这是最后的战果及伤亡统计。"加藤友三郎参谋长将一份清单双手递交到我面前。

俄罗斯第二太平洋舰队共计 35 艘舰只沉没、被俘或被中立国扣押，总吨位损失 20 多万吨；其中最重要的 12 艘主力舰中 8 艘沉没，4 艘被俘，无一幸免。联合舰队方面共损失——我仔细检查了几遍才确认——3 艘鱼雷艇。人员方面，俄军死亡 4830 人，被俘 5917 人；日军仅仅阵亡 117 人，伤 587 人。这就是奇迹么，抱着玉石俱焚信念的联合舰队以如此微不足道的损失取得了海战史上空前的胜利。

战役终于结束了，但斗争还将继续，甚至更加艰难。点燃战争之火容易，可灭火尤难，希望东京的外交家们打胜后就赶紧谈和吧！联合舰队和满洲军已经精疲力竭，日本经济已处在崩溃的边缘。无论如何都要尽快结束战争。

日本拿出全部的国运来同沙俄豪赌。即使我们尽了 100% 的人事，仍然依靠了至少 60% 的运气才侥幸获胜。这是最后一次赌博，也必须是最后一次赌博。在击败清国和俄国后，再好的运气也会被耗尽。下一个敌人是谁？英国？美国？或者继续跟清国人和俄国人干仗？不，50 年内日本不应该再同任何大国开战。然而在民众和军队的欢呼声中，人们看到的是它对武力的上瘾和对扩张的癫狂。

毁灭往往就隐藏在胜利之中，偷偷地对人们冷笑。

（本篇完）

◉ 本篇背景介绍

对马海战结束后，日俄双方在美国的朴次茅斯海军基地进行和谈。日本甚至比作为失败方的俄国更为急切地希望结束战争。此时日本共有 110 万名士兵在前线作战，已死亡 11 万多人；每天的战争经费高达 100 万美元，政府负有 17 亿日元（其中 8 亿元外债）的债务。再这么下去，日本将国力不支。日方请求美国总统西奥多·罗斯福居中调停。1905 年 9 月 5 日，日俄双方签署了《朴次茅斯和约》，日俄战争结束。和约的主要内容却是关于两国如何分配在中国东北和朝鲜半岛的利益问题。当时清朝政府发表声明，要求两国在和谈中不得损害中国主权。结果这一纸声明对日俄而言，同废纸无异。

这场战争，俄国原本一直占有绝对战略优势，但在一个专制沙皇和一群封建官僚手中一点点丧失。比如在对制海权的重视程度上，对日本而言，制海权是必须保障的，否则陆军将不战而败；但对俄国而言，制海权只是胜利的捷径，即使失去制海权，只要陆军在中国东北和朝鲜获胜，一样赢得战争。可是在各种犹豫和拖延中，俄国的海陆作战双双失败，还不如一开始就集中力量增强远东的陆军实力。

俄国是传统陆地强国，海军是新生事物，所以俄国人对海权和海军的理解反而不如日本人深刻，在训练、战术、武器、管理等方面也逊于对方，加之太平洋舰队、波罗的海舰队和黑海舰队在地理上完全分开，不能相互支援配合，导致这几支舰队被日本联合舰队各个击破。所以涅博加托夫少将后来愤愤地说："狗是干不了需要马来干的活的。"

本文中出现最多的一个关键词也许就是"运气"，日本的运气好得超乎寻常。然而"福兮祸所伏"，当日本人将稀有资源"运气"看作理所当然时，终于迈向了武力扩张的歧途。他们同已经形成现代国家意识的中国、组织严密的苏联和经济实力发达的美国，这三个大国几乎同时开战，在 1945 年将明治维新以来的成果化作一片废墟。如果一开始日本在日俄战争中就失败了，还会不会有日后的法西斯日本，还会不会加入三国轴心呢？……历史不容假设，但历史的教训值得一再深思。

● 本篇主要人物生平

东乡平八郎（Tougou Heihachirou）

其早年生平在正文中已有描述，不再赘言。

作为当年日本名将，东乡自然也是中国人民的宿敌。1884 年东乡率领一艘军舰从上海出发，逆长江而上到达汉口耀武扬威。在甲午战争中，他除了击沉"高升"号外，还在《马关条约》签订后率部占领了澎湖列岛和台湾岛。1900 年东乡更是率领日本舰队参加了八国联军镇压"义和团运动"的战争。

日俄战争后，东乡被任命为海军军令部部长兼海军将官会议议员。大正天皇时期，东乡于 1913 年被赐予海军元帅封号（荣誉称号，并非正式军衔），1934 年（昭和时期）病危时被封侯爵，同年 5 月 30 日病死于东京。

他与日俄战争中的另一位功臣乃木希典并称日本军国主义的"军神"，有"东方纳尔逊"的赞誉，是日本偶像级人物。东乡平八郎崇拜中国明朝的哲学家王阳明，其腰牌上还刻着：一生伏首拜阳明。

秋山真之（Akiyama Saneyuki）

　　1868 年，秋山真之出生在一个低级武士家庭里，时值明治政府实行"废藩置县"和"废刀令"政策，使得武士阶级基本上失去了收入来源，所以他小时候的生活相当清贫，穷得差点被家里人送到庙里当和尚。

　　秋山 15 岁时在好友正冈子规（日本著名俳句诗人）的影响下到东京求学，大概文科是其第一志愿。不过他哥哥秋山好古——这个日后成为陆军大将的人要求弟弟进入江田岛海军兵学校学习。秋山真之不负期望，以第一名成绩毕业，并于 1897 年前往美国留学了一段时间，师从战略大师马汉，并实地考察了美西战争。后来秋山真之被誉为日本海军战略理论的奠基人。

　　秋山有着文人的气质，甚至有些神经质。对马海战后，战争的压力刺激了他脆弱的神经，使他热衷于捣鼓宗教和哲学问题。他还一再要求退役出家为僧。但他毕竟功劳大、水平高，海军当局自然不会批准。他只得继续留在海军任职，最后以海军中将之衔病死于军中，年仅 49 岁。不过死因并非操劳过度，而是得了腹膜炎不求医只求神所致。秋山在遗嘱中还要求其子代父出家。日本人有这么一句话："日俄战争要去了儿玉源太郎的肉体，要去了秋山真之的精神。"

加藤友三郎（Kato Tomosaburo）

　　日俄战争后，加藤一直担任海军次官或海军大臣，并在山本权兵卫之后成为日本海军的最高指挥官。他积极建设海军，扩大海军实力，曾经是"八八舰队"（即 8 艘战列舰和 8 艘巡洋舰）的积极实践者。不过到加藤掌权的时代，战列舰已经进化到了超级无畏舰的规模，排水量接近 4 万吨，但日本国力有限，别说建造 16 艘新战舰，就算维持现有的战舰也很困难。

　　1921 年加藤作为全权代表出席了华盛顿裁军会议。该会议的成果后被称为"华盛顿体系"。借着这个机会，加藤控制住了日本疯狂的造舰计划，同时相对英、美、法、意也保持了足够与之对应的海军军力。

　　1922 年加藤任内阁首相，但 1 年多后就因大肠癌去世。在对马海战中，他就曾不得不忍着胃痛陪着东乡在舰桥上指挥。看来他的肠胃病一直困扰着他，直到要了他的命。

山本权兵卫（Yamamoto Gonnohyoe）

　　山本是日本萨摩藩人，曾在1863年的英萨战争中与东乡和大山岩（日俄战争时任满洲军总司令）在一个炮台上战斗。因此后来在对俄战争中，与俄国指挥官们间的相互倾轧不同，日本高层人事比较团结，中央（山本权兵卫）没有瞎指挥，前线（海军有东乡，陆军有大山岩）也能配合总体战略。

　　山本权兵卫被称之为"日本海军之父"，从1898年到1906年连续担任了三届海军大臣。可以说日本海军从建军战略到部队编制，从人事任命到战术演练，都有他的功劳。"六六舰队"和"八八舰队"的设想也是他提出来的。

　　日俄战争结束后，山本在1913年以海军大将的军衔担任了内阁首相。不过好景不长，山本任首相还不到1年即爆发了"西门子事件"（西门子公司贿赂海军要员，结果行事不密暴露了），山本只好引咎辞职。1923年山本卷土重来再度组阁，但是当年12月又发生了皇太子（即后来的昭和天皇）遇刺事件，这次山本干了不到4个月又不得不辞职。

　　山本退休后以萨摩军阀巨头的身份继续控制着海军，不过由于过早从海军现役退出，没能进入元帅名列。山本权兵卫于1933年去世，享年81岁。

吉诺威·罗杰斯特文斯基（Zinovy Rozhestvensky）

罗杰斯特文斯基是炮兵出身的军官，1876 年开始在黑海舰队服役，期间在俄土战争中立有战功。他有着一个俄国高级军官的典型特征：身材高大，体力充沛——他在俄国宫廷中还有美男子的美称；同时也脾气暴躁，动辄就对手下谩骂。后世看来，这个人应该可以当称职的宪兵司令，但当舰队总指挥确实有些勉为其难。

他在对马海战中受伤昏迷，并被日本海军俘虏。战后俄国军事法庭将其轻判为短期服刑。之后罗杰斯特文斯基一直在圣彼得堡过隐居生活，1909 年死于肺病。

尼古拉二世（Nicholas II）

　　他也许是一个好丈夫和好父亲，但他无疑是一个糟糕的皇帝。他生前也许极尽荣华富贵、权势熏天，但却落了个满门丧命、尸骨无存的下场。他也许罪不至死，但作为政治人物终难逃历史的审判。

　　尼古拉二世生于 1868 年。当时克里米亚战争刚刚以俄罗斯的失败告终，古老庞大的俄罗斯帝国内忧外患，正处于改天换地的前夜。随着工业化进程的发展，俄罗斯资产阶级和无产阶级的力量逐渐增强，传统的农奴制度渐渐瓦解，腐朽专制的沙皇制度早已不能顺应时代潮流。他就在这样的历史大变局中于 1896 年加冕。

　　尼古拉二世对内镇压新兴力量、屠杀民众，对外疯狂武力扩张、入侵殖民，导致民怨沸腾、政治矛盾加剧。1917 年 3 月，俄国爆发"二月革命"，人民推翻了罗曼诺夫王朝，并将尼古拉二世及其一家流放到西伯利亚。同年"十月革命"成功后，他又被转移到叶卡捷琳堡。次年，尼古拉二世全家被苏维埃肃反委员会"契卡"（克格勃前身）枪杀。他们的尸体被毁坏后丢弃在洞穴中，直到 1990 年苏联巨变前夕才被重新发现。

　　1891 年，尼古拉二世在还是皇太子的时候曾对日本进行了友好访问，但以流血事件告终。当他访问京都附近的大津时，一个名叫津田三藏的负责安保的警察突然对其行刺。好在人们及时制服了刺客，他才保全性命。尼古拉二世当时头部血流如注，伤口愈合后还留下了一道长长的伤疤。不知道尼古拉二世日后是否会经常回想起当年那个凶神恶煞、挥舞着军刀的日本警察。不过通过他的言行可以发现，"大津事件"还是影响了尼古拉二世的判断，将更多的个人好恶带入到了战略决策中。这对政治家而言，是致命的缺点。

尼古拉二世在日本访问时留影。

◉ 附：罗杰斯特文斯基的 18000 海里海上武装大游行

日俄战争在俄罗斯第二太平洋舰队的浓烟和烈火中，以日本的完胜而告终。

罗杰斯特文斯基中将作为舰队司令官，后世的历史学家们对其有诸多批评，甚至在人品相貌上也讥笑嘲讽。毫无疑问，他在对马海战期间指挥不力，直接导致了舰队覆灭。站在"结果论"的历史观点上看，罗杰斯特文斯基自然难辞其咎。然而罗氏却也远非我们所想象的那样是个草包。他在俄土战争中立有战功，精通炮术。能够在老牌军事强国的俄罗斯攀升到海军中将的地位，还是需要有点本事的。罗杰斯特文斯基以铁拳般的风格十分严格地管理舰队。在各方面条件都不利的情况下（几乎没有后方支援、没有友好的海军基地休整、舰只和船员状况也很糟糕），居然将一支没有经过充分整合的庞大舰队，硬生生地从波罗的海带到远东，航程 18000 海里（约合 33000 公里），只可惜最后功亏一篑。现在综合分析，俄国舰队战胜日本联合舰队几乎不可能，但如果罗氏运气好点，还是很有可能避开日军锋芒，安然驶入海参崴（即"符拉迪沃斯托克"）的。如果真是这样，日俄战争的结局将大大改变，远东的局面将发生巨大变化，乃至影响到第一次世界大战，甚至第二次世界大战后的国际格局。

日俄战争终于舰队决战，同样也始于舰队攻击。1904 年 2 月 8 日，联合舰队发动偷袭，首先攻击了以旅顺为基地的俄罗斯第一太平洋舰队。

鉴于俄太平洋舰队不具有压倒优势，沙皇尼古拉二世立即召开御前会议，讨论是否增派舰队去驰援远东。这一商讨就商讨了 4 个月。4 月 30 日，沙皇才决定从波罗的海舰队抽调战舰去远东，5 月，司令官人选才定下来。可能沙皇一直在犹豫，觉得对付小小的日本不需要用两个拳头吧。

话说当年的尼古拉二世和德国皇帝威廉二世是一对表兄，两个陆地强国的首脑还都是海军爱好者。在一次联合阅兵式结束后，威廉二世向尼古拉二世发来了问候："大西洋舰队司令向太平洋舰队司令致敬。"听这口气，两人完全不把英、法、美等国放在眼里，至于日本就更不在话下了。如今俄罗斯在远东的局势十分不妙，万一太平洋舰队吃了败仗，那么"太平洋舰队司令"的脸可就丢大发了。

　　增援舰队（即抽调的波罗的海舰队，后改称"第二太平洋舰队"）原本计划于当年7月出发，可是由于腐败的官僚作风和糟糕的后勤协调，一直拖到10月15日才出发，而这时原第一太平洋舰队已经被联合舰队死死压制在旅顺港动弹不得，旅顺要塞也随时可能陷落。第二舰队的战略时机已然失去。不过尼古拉二世就像打了兴奋剂一样，不顾客观条件的不利和众人的反对，坚持第二舰队按原计划行动，并将罗杰斯特文斯基提拔为中将军衔。这支注定就命运多舛的"疯狗"①舰队带着疑虑、不满、厌战的情绪驶离了拉脱维亚的利巴瓦军港。

　　刚一出发就发生了战斗。10月22日，舰队在英国北海洋面上发现了"日本鱼雷艇"。于是各战舰几百门大炮齐发，将敌舰击沉1艘，击伤5艘，战果辉煌。可惜所谓的"敌舰"只是英国的渔船而已。

　　当时俄国舰队上流行"恐日病"，疯传日本人派遣了大量巡洋舰、驱逐舰和鱼雷艇，甚至还有潜水艇埋伏在北海海域准备给他们当头一棒。于是俄国官兵上上下下都草木皆兵，见到未经确认的船只就胡乱开炮。

　　当晚的事情还没完。稍后，俄国的两艘巡洋舰"德米特里·顿斯科伊"号和"阿芙乐尔"号又被误认为是日本巡洋舰，遭到自己人的一顿炮轰。被轰的两舰也不甘示弱，立即还击。俄国舰队就这么折腾了一夜才消停。其中"阿芙乐尔"号中了5颗炮弹，船舷和烟囱被炸出一个大窟窿。也许后来的俄国资产阶级临时政府一定很遗憾，早知当初应该把"阿芙乐尔"号直接击沉，因为正是这艘巡洋舰日后成为俄国"十月革命"胜利的象征。

　　军舰袭击手无寸铁的渔船，而且还是海上霸主英国的渔船，英国人当然不肯了。碰巧当天又是英国人引以为豪的特拉法加战役99周年纪念日，英国民众义愤填膺，纷纷要求对俄宣战。英国政府后来除了索要俄国赔偿外，还派遣军舰尾随波罗的海舰队，挑衅意味十足。当时英国和日本签订了同盟条约，以牵制沙俄在远东的扩张，所以英国自然也有意偏袒日本。罗杰斯特文斯基是个火气十足、骄横跋扈的人，此时也不得不夹起尾巴服软。

　　国际纠纷处理完后，波罗的海舰队紧接着又面临了后勤补给的问题。按

---

① 罗杰斯特文斯基的绰号就是"疯狗"，也可见此人平时多么不受人待见。

照当时的国际法，中立港口不得接纳交战双方的军舰。本来这个规定就是双重标准。如果俄罗斯够强势，只要在港口外放两炮，那些非洲或亚洲殖民地港口还是得乖乖地献上好酒好肉、妓女热水、优质燃煤。可是俄罗斯强势，英国人更强势——在英国的威胁下，就连俄国的盟国法国也不允许俄罗斯人利用自己的港口。于是罗杰斯特文斯基不得不命令只要有机会装煤，就尽量多装，以防万一中途没燃料被困在海上。这样，甲板上、餐厅里、休息仓内到处都堆满了煤包。堂堂战列舰变成了运煤船，生活在煤堆里的官兵更是苦不堪言。不过原本训练不佳的俄国水兵通过这次锻炼成了加煤能手，"苏沃洛夫公爵"号上1小时能够加煤120吨，甚至打破了英国人保持的102吨的世界纪录。"熟能生巧"这句古话诚不欺人啊！

12月16日，在绕过非洲最南端的好望角后，俄国舰队远远望见了马达加斯加岛。这时罗杰斯特文斯基收到了两个让他快晕过去的消息。一个是法国政府拒绝他们进入设施良好的军港休整，而是把他们当乞丐一样打发到一个小港贝努西港。反正这一路上都是这么过来了，罗司令官也就忍了。可另一个消息则更令人泄气，原本去增援的第一太平洋舰队已经消失了，旅顺也即将失手，罗杰斯特文斯基还有必要带领舰队继续前行么？

"不许返航，去不了旅顺就去符拉迪沃斯托克。"沙皇的命令蛮不讲理。为了给第二太平洋舰队鼓气，尼古拉二世派来了新的增援——由黑海舰队抽调的战舰组成的太平洋第三舰队正星夜奔来。此外，沙皇还送来了舰队急需的军火。但让人绝望的是，士兵们在赤道烈日下挥汗如雨地卸下货物后发现，军火竟错发成了几千套冬装；而所谓的第三舰队，其实都是些老旧战舰，被士兵们戏称为"浮动的熨斗"，不仅无益于战斗，反而可能破坏舰队整体协调；还有一些德国造的无线电台，但这些电台本来就不灵光，加上德国技术员也不愿意一路跟着俄国战舰跑到远东，于是这些电台也就变成了一堆废铁。罗杰斯特文斯基此时想死的心都有了。这次作战怎么看都要输啊！难道自己就像"漂泊的荷兰人"①那样，永远也回不到祖国？

---

① "漂泊的荷兰人"是一则北欧传说中的主人公。这名倒霉的航海者同魔鬼立下契约，代价是永远在海上航行，每7年才有机会上岸一次。音乐家瓦格纳为此写了一部歌剧。好莱坞电影《加勒比海盗》中的海盗船就是"荷兰人"号。

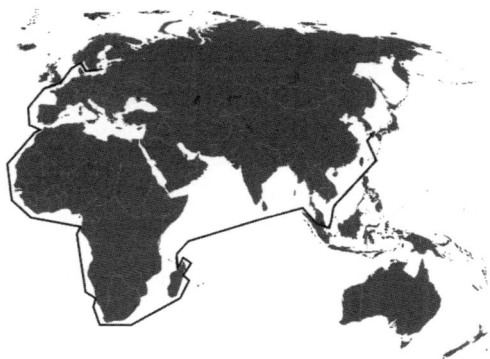

罗杰斯特文斯基的18000海里航行路线图。

第二太平洋舰队在这岛屿附近停留了近 3 个月。马达加斯加的热带气候使整个舰队伤号剧增，自杀事件时有发生，兵变都发生了 2 起。从国内传来的消息也不好：远东战局持续恶化、工人学生示威游行、革命党人摩拳擦掌、沙皇政府血腥镇压——这后院都不稳，仗还怎么打？

舰队在次年，也就是 1905 年的 4 月通过了马六甲海峡，于 5 月 9 日在越南附近海域同太平洋第三舰队会师，5 月 14 日离开金兰湾北上。同月 25 日，俄罗斯第二太平洋舰队在台湾海域进行了最后一次海上加煤作业，分量足够他们驶到海参崴。就在此期间，俄国舰队的二号人物——第 2 分舰队司令弗尔克萨姆海军少将病死了。为了避免进一步动摇军心，罗杰斯特文斯基决定秘不发丧，悄悄将少将的尸身装入棺材了事。在完成加煤后，他带领这支"像整个俄罗斯帝国那样庞大，那样笨重、荒唐、无力、怪诞"（列宁语）的舰队义无反顾地一头扎进了万劫不复的深渊。

后来的故事，你们都知道了。

◉ 本篇参考资料

【1】司馬遼太郎. 坂の上の雲 [M]. 文藝春秋，1999

【2】戴季陶. 日本论 [M]. 岳麓书社，2015

【3】俞天任. 浩瀚大洋是赌场：细说日本海军史 [M]. 东方出版社，2013

【4】户川幸夫. "Z"字旗——决战对马 [M]. 顾龙保，译. 海潮出版社，1991

【5】马骏. 东北亚大厮杀——日俄海陆战 [M]. 国防大学出版社，1993

【6】唐纳德·W. 米切尔. 俄国与苏联海上力量史 [M]. 朱协，译. 商务印书馆，1983

【7】理查德·希尔. 铁甲舰时代的海上战争 [M]. 谢江萍，译. 上海世纪出版集团，2005

【8】吴春秋. 俄国军事史略（1547-1917）[M]. 军事科学出版社，2015

滑铁卢战役

时间：1815 年 6 月 18 日

地点：比利时滑铁卢

失败并没有使拿破仑暗淡无光，失败反而使失败者变得更加崇高了。倒下的拿破仑仿佛比立着的拿破仑还要更高大些。

——维克多·雨果

重建王朝

大厅里静悄悄的。

将军大臣们都屏气凝神，等待我给他们指派新的任务。

尽管我一再向反法同盟的那些国家伸出橄榄枝，但"尊贵"的封建君王们显然容不下我这个来自科西嘉岛、不守规矩的小子同他们平起平坐。他们要报复我，要报复法国，要报复将旧制度搅得天翻地覆的法国大革命。第七次反法同盟已经组成，法国再一次面临全面战争的考验。

我扫视着眼前这些曾经与我一同奋战了数十年的部下。在诡谲的政治斗争和残酷的战场厮杀后，真正既忠心又能干的人已经寥寥无几了。无奈的是，我不能依赖躺在坟墓里或者业已投身敌营的"好"将军们，我必须将还能够站立在面前的人安排到适当的岗位。

我面前摊开着一份委任状，却迟迟难以签署我的名字。

我扔下笔走到窗边，将华丽的窗帘拉开一条细缝。我记得刚刚回来的时候，窗帘上还绣着百合花，似乎一夜之间绣花就变成了金蜜蜂①。也许仆人们根本就不曾扔掉过这些东西，谁知道它们的主人会不会再次卷土重来呢？我敢确定，百合花窗帘此刻也一定躺在某个角落，等待再次得到利用。窗帘如此，人心又何尝不是？恐怕人心变换比窗帘更容易吧！

杜伊勒里皇宫外的广场上挤满了人。他们挥动着绣有雄鹰的三色旗，佩戴着三色徽章，呼喊着熟悉的口号。

"皇帝万岁！"这是一个雄厚的男中音。

"皇帝万岁！"这个声音来自一个尖叫的女人。

---

① 百合花是波旁王朝的标志；金蜜蜂则是拿破仑王朝的象征。

"皇帝万岁！"稚嫩的童音也混杂在鼎沸的呼喊声中，传入我的办公室。

"皇帝万岁！"的欢呼如海浪那样一波一波连绵不绝。我仿佛又回到了那激情澎湃的大革命时代，回到了法兰西帝国横扫欧洲大陆，将旧制度和封建体系摧枯拉朽地摧毁的光荣岁月。

尽管我曾经失去了法国，失去了我的王位整整1年，但当我从地中海的厄尔巴岛返回国内，重新踏上帝国的领土后，就发现人民并没有忘记他们的皇帝，人民仍然期盼我、爱戴我，他们要保卫大革命的果实，他们要重振法兰西的辉煌，他们需要在我——法兰西帝国皇帝——波拿巴·拿破仑的带领下，彻底毁灭那个腐朽的波旁王朝，粉碎没完没了、死而又生的反法同盟，使法国再次主宰欧洲的土地，并成为世界的霸主。

以一国之力如何抗衡全欧洲反动势力的反扑？这个难题不需要法国人操心。因为我早已给出了满意的答案，在1793年的土伦、在1796年的米兰城、在1798年的阿布基尔、在1800年的马伦哥、在1805年的乌尔姆和奥斯特里茨、在1806年的耶拿……我从不畏惧数倍乃至数十倍于法军的欧洲联军，只要我的人民和军队绝对服从我的指挥，我就能让法国赢得一个又一个会战的胜利。那些没有机会上战场的男人只要专心种田和生产，女人只要操持家务生孩子，然后为他们的皇帝高呼万岁就够了。剩下的事情就交由我——堪比亚历山大和恺撒的军事天才来解决。

就这么简单！

不，其实并不简单。

也许天才也有疲惫的时刻；也许天才也有疏忽的瞬间；也许上帝就是嫉妒天才横空出世的小心眼，让简单的事情也有可能在天才手中搞砸。1814年3月，由于未对巴黎进行充分的防护，30万反法联军强攻巴黎。等我匆匆率军赶来增援时，巴黎早已投降。

那些曾经得到过我的莫大恩惠，曾经宣誓至死效忠的元帅、将军和大臣们在枫丹白露宫将我团团围住。他们向我挥舞着一纸退位诏书，百般说服我在上面签字，宣称只有这样才能避免无谓的牺牲，维护法国的完整和尊严。也许这番话不假，只是他们故意漏掉了更要紧的原因：只有我平静地离开，他们才能保全权势和地位，安全地去服侍正迫不及待赶来巴黎复辟当国王的普罗旺斯伯爵。

天哪，他们怎能忍受向那个愚蠢之极、老态龙钟、肥猪一样的路易十八俯首称臣呢，这是怎样的智力和尊严的煎熬啊！

我重新回到并不舒适的办公椅上，冷冷地盯着眼前这些熟悉而又陌生的面孔。他们有几个对我忠心不二，又有几个是见风使舵的投机商？

站在最前面的是我一见到就想呕吐的警务大臣富歇。他瘦高个子，稀疏的红头发，凹陷的脸颊加之狡黠的灰色眼珠，神色中透出阴风习习。

警务大臣约瑟夫·富歇，他是个让人厌恶的人，但我还是必须要任用他。

从 1793 年开始，富歇就屹立于法国政坛，至今不倒。他投票赞同将路易十六送上断头台，也热忱地欢迎路易十八重返王座；他是罗伯斯庇尔的死敌，也是我的犹大；他在公安委员会、督政府、执政府、帝国政府时期都担任要职。富歇就像食尸鬼一样，通过不断背叛他的主人、啃噬老主人的尸体、投靠新的主子而永生。

富歇手下的特务遍布法国每一间旅店和酒肆，他的间谍可以出入欧洲每一个国家的王宫内廷。我有时甚至认为法国真正的统治者也许就是这个超级警察。1 年前，富歇就无耻地抛弃了我投奔路易十八；我丝毫不怀疑一旦我再次失败，第一个将我拿下送入狱中的人也是他。

可是为了稳定国内治安，我不得不利用他的能力。或者换一种说法，我必须用"警务大臣"这根胡萝卜来讨好他，否则富歇就会在我离开巴黎作战时，四处散布流言、组织内乱。

我轻蔑地对富歇说："你这个叛徒，我真应该枪毙你。"

富歇无动于衷，甚至带着一丝不易察觉的微笑说："陛下，我不赞同您的看法。"

我草草在委任状上签上自己的名字，说："这是您的，警务大臣。"

"乐意为陛下效劳。"说罢，富歇像鬼魂一样轻轻地飘出房间，不知去向。

我憎恨自己。不久前我还是说一不二的帝国皇帝，如今却要违心地去笼络那些背信弃义的小人。没有关系，这只是权宜之策罢了。只要赢得这次战争，我将安心巩固内政，建立一个君主立宪的自由法国，将这些人都铲除出去。

只要我赢得战争！

从囚徒到皇帝，从厄尔巴到巴黎

战争，这对很多人而言是恐怖的体验。在和平时期最睿智、最冷静、最顽强的人也可能在一次小小的战斗中崩溃。可不知道为什么，我却深深地享受战争的快感——我能够自如地指挥千军万马，我能够轻松地猜透敌人的一举一动，我总是能够在正确的时间，派遣正确的军队，在正确的地点击溃敌军。我赢得的会战胜利，比恺撒和亚历山大经历的会战总和还要多。我不需要将军们太聪明，我只需要他们 100% 执行我的战略意图就够了。如同每天准时响起的圣母院的钟声，只要我挥动指挥棒，胜利就会如约而至。战争艺术很简单，一切都不过是执行的问题 。

我知道，你们一定会提起1814年我在枫丹白露宫被逼退位的事。

是的，1814 年我被迫退位，但我并不承认那是军事的失败。我只是一连串的阴谋和背叛的牺牲品。我仍然是那个天才的军事家拿破仑，我仍然是有史以来最优秀的统帅——只要我还活着，我将让敌人们再次领教这个事实。

敌人挑选在厄尔巴岛上流放我。这是一个为铁石灵魂所选择的地方。我的性格诚然是古怪的，但是一个人不异于他人，则绝不是一个非常之人；我原是一块石头，被抛到世界上来的；我也应该选择那个石头岛来磨砺我的锋芒。

蛰伏的时间比我预计的要短得多。1815 年 2 月 26 日，趁着英国守军不备，我率领忠诚的 1026 名自愿陪我流放的近卫军、40 匹马和 2 门大炮悄然离开厄尔巴岛，计划穿越地中海回到法国。

1815年，我忠诚的近卫军们跟随我很快又离开了厄尔巴岛。

我只能祈祷上天保佑这段海上的航程。只要有任何一艘英国或法国战舰发现我们，我将毫无反抗能力，再次屈辱地成为阶下囚。一切顺利，28 日中午，我已经能够凭借肉眼隐约见到魂牵梦萦的法国海岸了。

指挥卫队的康布容将军对我说："陛下，我们全体将浴血奋战，为您夺回巴黎。"

我回头凝视着这些与我患难与共的近卫军，深情地说："不，我不会为了皇位而流淌法国人的鲜血。我将不费一枪一弹取回我的皇位。我将在3月20日在巴黎庆贺罗马王①的4岁生日。"

说完这些话，我又默默地问自己："大话王，骗子，你哪里来的自信？也许人民早已习惯了新国王，巴黎从来就是无情的风月女子，1年的时间足够让所有人忘记曾经的英雄。你不可能成功的，从来没有这样的事情发生。"

卫兵们肃穆站立，脸上露出惊愕的表情。他们为了皇帝，早已将生死置之度外，可是我怎能让他们在必然失败的战斗中死去呢？我要么昂首挺胸回到巴黎；要么在遇到第一支法国部队后，被法国人用法国的子弹打死在法国的土地上。

我没有选择从保王党势力强大的普罗旺斯省返回巴黎，而是取道阿尔卑斯的山间小道。我带领这支小小的队伍在山间蹒跚前进，仿佛自己就是19世纪的摩西，怀着执着的信念和微弱的希望奔赴上帝允诺的圣地。路上只有一些农民好奇地跟着队伍。他们拿出硬币反复对照，确认我就是那个人后，开始欢呼。我增加了一些信心，但是农民不能帮助我，我必须得到军队的支持。

终于，一支军队横在了通往格勒诺布尔的拉弗雷隘口上。这里是必经之路，无法绕开，我也不打算绕开。

我命令乐队奏起《马赛曲》，在严令康布容将军不得开枪后，便跳下马来，独自走在队伍的最前面。

我解开灰色大衣的排扣，背着双臂，缓缓向早已排列成战斗队形的法军走去。通过他们的旗帜，我知道这是第五轻步兵团的

① 罗马王，即拿破仑的嫡子，皇位继承人。

部队。当年我远征意大利时，这支队伍就在大军之中，沿着几乎一样的路线冒险翻越阿尔卑斯山。他们曾经在我麾下战斗，现在亦发誓效忠波旁王朝，他们将如何选择？

一个军官喊道："举枪！"

瞬间上百支滑膛枪的枪口齐刷刷对准了我的胸口。

我又上前走了几步，离枪口的刺刀不到 10 米远。我的双手在背后颤抖，心脏在剧烈跳动，后背也浸湿了汗水，可我发出的声音仍然平静而又坚定不移："第五团的士兵们，你们认得我吗？你们有谁想打死自己的皇帝，现在就开枪吧！"

"开枪！"保王党的军官命令道。

沉寂。

士兵们面面相觑，犹豫地看着左右的战友，不知如何是好。

"开枪！违反命令的士兵将被送上军事法庭接受惩处。"军官抽出佩剑，恶狠狠地喊道。

这 1 分钟时间恐怕有 1 个世纪那样漫长。现在决定我性命的不是巴黎、伦敦、柏林、莫斯科或维也纳那些高高在上的大人物们，而是眼前这些默默无闻的年轻人。不，第一个开枪的那个士兵就像杀死马拉的夏洛特·科黛那样，一定会被记载在历史书中的；而那支取我性命的滑膛枪就是新世纪的"朗基努斯之矛"吧。或许我真是疯了，我的一世英明将断送在这里，成为历史的笑柄和不自量力的代名词。但是如果我没有疯狂的壮举，怎可能在疯狂的时代崛起呢？人生就是要在历史的洪流中赌博。我只是又赌了一次而已。

我用眼睛死死盯着这些年轻人，直到他们不好意思地低下头，直到枪口一寸一寸垂向地面，直到军官的命令声中也带有绝望的颤音。

终于一个士兵喊道："是他，是皇帝。"

另一个声音高呼："皇帝万岁！"

接着整个隘口沸腾了，士兵们扯下军帽上代表波旁王朝的白色帽徽，用枪尖挑起军帽，将我团团围住。所有人，包括我身后的近卫军都声嘶力竭地喊着："皇帝万岁！皇帝万岁！皇帝万岁！"

我的眼睛湿润了。我身材矮小，其貌不扬，没有显赫的家族，也没有蓝色的血统。可是我能带领法兰西军队赢得一个又一个胜利。我从不靠夸夸其谈，我只依靠与生俱来的军事天赋和勇敢勤奋。这就是士兵们爱戴我、信赖我的原因。

我拿破仑，又回到了法兰西！

军人们呀！来集于你们皇帝的大旗之下吧！这面鹰旗连同民族的旗，将飞过一个又一个教堂的尖塔，一直飞到巴黎圣母院。当你们年老的时候，你们将被同胞所包围，为同胞所尊敬。当你们叙述起你们所干过的伟大事业的时候，他们都在你的左右恭听。你们可以得意地对他们说道：我也是大军中之一人，这大军曾经2

次进入维也纳城，进入罗马，进入柏林，进入西班牙都城，进入莫斯科，也曾洗刷巴黎，扫除敌军所在而留下的叛逆的污秽！①

3月20日，我准时来到巴黎。路易十八早已逃之夭夭，法国又重新回到了我的统治之下。可惜我的儿子罗马王还被扣留在维也纳，无法与我团聚。这是一次奇迹般的进军。不过我知道这仅仅是开始的成功，绝不意味着成功的结束。我要立即组建政府、颁布新宪法，更要紧的是，重整军队，与必将来临的、强大的反法联军决一死战。

法国的战略

我的办公椅大得可以塞下两个普通人的屁股，大概是为了路易十八特制的。坐在难受的椅子上，我的痔病越发痛苦起来。真是奇怪，人们对表面上的窗帘特别看重，对直接关系切身感受的东西却熟视无睹。同样的，我对大臣们说什么话、表什么态无所谓，关键是他们的内心能否为我所操控。

如果是在1年前，无论是人民、军队还是将军大臣，一切都在我的掌控之下。我在法国有着无上的权力。然而我现在却不能游刃有余，一堵看不见的墙处处禁锢着我的思维触角。保王党、雅各宾派、自由派等派别在明里或暗里同我作对，国内事务不稳，如何让我安心作战啊！

既然我容忍了富歇，其他内阁大臣还是尽量沿用旧人吧。马雷担任国务大臣、科兰古担任外交大臣、戈丹担任财政大臣、卡尔诺担任内务大臣。我还说服了曾经对我恨之入骨的贡斯当起草

①这段话可见于《拿破仑日记》。

了一部新宪法。我要尽快稳定国内动荡的局势，团结尽可能多的利益阶层。最后我还是得相信波拿巴家族的人。尽管我的兄弟姐妹们在我失意的时候没有支持我，但我们毕竟还是血脉相连啊！我招来了哥哥约瑟夫亲王和弟弟吕西安亲王，当我本人不在法国期间，他们将作为我的全权代表处理国事。他们俩的才能未必能给我分忧，但至少不会在后方使绊子，只要能坚持到我击溃敌军凯旋就算完成任务。

真正棘手的是军事问题。

我把手上的牌翻来倒去，想尽了各种组合，最后只有两套出牌方案看似可行。

第一套方案就是以巴黎为最后堡垒，在法国境内逐次抵抗联军。我预测联军在 7 月以前不可能完成军事部署，这样我还有足够的时间募集军队，征召退役老兵和军官以加强实力，并在巴黎建立完善的防御系统。这样随着敌人深入法国，他们必须分兵驻守外省据点，而我则可利用内线优势，伺机集中兵力各个击破。然而这个战略不得不以牺牲大片北方领土为代价。如若想保护我的王国中的所有要点，恐怕动用全法国的兵力也都还不够。我很担心还未等到决战机会，法国人民就会因领土沦陷而失望，进而放弃对我的支持；更何况在保王党势力强大的旺代和普罗旺斯也很可能重新出现叛乱。就算我能够把持国内局势，但只要联军不犯错误，我也会被压缩在巴黎难以机动。我的防御战略将演变成持久对峙。显然反法联军的战争资源几乎是无限的，一旦发展成长期战争，我必输无疑。这也是敌人乐见其成的局面。

第二套分案则是立即主动出击，在各国军队尚未准备完毕之前（当然法军也准备不完全），首先击溃一个方向上的战略集团，迫使其中一国退出同盟。获胜后，我再掉头对付其他军团。但在法军数量不足的情况下，一旦有一次进攻失败，我就满盘皆输，所以一般的统帅都不会选择如此高风险的攻势方案。但我本来就不是一般的统帅，我是非凡的统帅。权衡再三后，我认为与其困守巴黎被软刀子割死，不如放手一搏，打一个出其不意，况且这种大范围的战略机动作战也正是我的拿手好戏。

我知道反法同盟将组建5个战略军团：英荷军团，由威灵顿公爵指挥，约9.3万人；普鲁士军团由布吕歇尔元帅指挥，11.7万人；奥地利军团，由施瓦岑贝格指挥，21万人；俄罗斯军团，由巴克莱指挥，15万人；奥意军团，由弗里门特指挥，7.5万人。联军共计有65万人之多，而且到夏末时还可以再增加30万人，如果战争拖到了秋季，仍能继续增补。敌人正是凭借强大的兵力优势，企图在7月初从比利时、莱茵河上游、莱茵河中游和意大利北部4个方向同时入侵法国，像压榨橙子一样，慢慢将我挤死。

哼哼，想得倒美。我不会坐等联军从容准备。现在只有驻守比利时西部的英荷军团和驻守东部的普鲁士军团具备威胁。我将首先攻击这2个军团。这样普鲁士将在短期内难以组织新的部队；而英国遭此失败很可能引发政治动荡，一直持和平立场的在野党——辉格党上台后就能与法国签订停战协议。然后我再选择一路敌军[①]再战。如果运气好，可能经过2次歼灭性会战后，就能击破同盟。

对，就这么定了。大赌才能大赢。

由于法国处于敌人北、东、南三面包围之中，于是我重新组建了5个新军团，其中摩泽尔军团、莱茵军团、阿尔卑斯军团、比利牛斯军团担任防御任务，警戒来自德意志联邦、奥地利、意大利和西班牙的敌军，而我则亲自率领北方军团向比利时进攻。

① 笔者推测俄国军团很可能成为此处的"敌军"。因为一旦拿破仑保证不再称霸欧洲后，俄罗斯同普鲁士、奥地利在东欧及巴尔干地区的矛盾就会上升为该国主要矛盾，若再加之新败，俄罗斯很可能立即会退出反法同盟。

1815年
西北欧战场

英国

普鲁士

德国各州

低地方面军
威灵顿
11.2万人

莱茵方面军
布吕歇尔
12.3万人

俄军

奥地利

北部方面军
拿破仑
12.45万人

北德意志军团
库拉伊斯特
2.62万人

西部方面军

莱茵方面军
拉普
2.44万人

莱茵方面军
施瓦茨布鲁克
27.27万人

法国

第1监视军团
库鲁普
1.48万人

瑞士

阿尔卑斯方面军
休歌
2.51万人

奥地利
皮埃蒙特联军
弗里蒙特
6.2万人

意大利

第4监视军团
库罗塞
1.5万人

第3监视军团
多坎
1.5万人

第2监视军团
布鲁涅
1万人

西班牙军
贾斯坦纽斯
2.4万人

西班牙

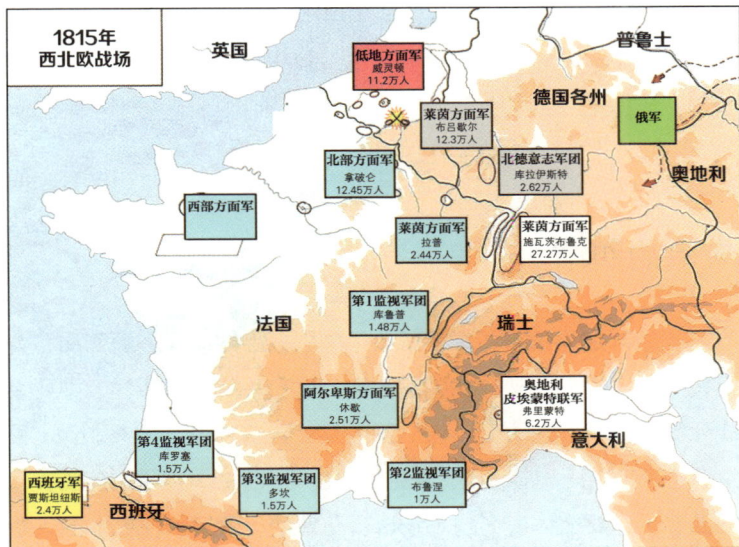

1815年，西欧的态势相当严峻啊！

目前我已经召集到了正规军约 28.4 万人。可是我无法将他们全都带去比利时，因为除了防御其他方向的敌军之外，还必须留下一部分镇压国内保皇党叛乱、驻守巴黎和主要的要塞堡垒。因此，尽管北方军团是这次作战的主力，也只有区区 12.45 万人。

北方军团下辖 5 个步兵军和 1 个骑兵军，我的近卫军则作为总预备队，共计约步兵 8.9 万人，骑兵 2.3 万人，炮兵 1.1 万人，火炮 344 门。可我的对手——威灵顿和布吕歇尔旗下一共有 20 万人之众，更何况威灵顿以擅长指挥防御战著称，法军并不占有优势。

如果是别的统帅，恐怕早就打退堂鼓了吧。但我是拿破仑，这种以少敌多的战役我经历得多了。敌人再貌似强大，也会有很多弱点。英国的海军固然无敌，但其陆军素质同身经百战的法军相比还相去甚远；而且英荷军团是多国部队混编，良莠不齐。普鲁士军团和英荷军团正散布在比利时，双方并未紧密连接，也不曾预料我将突然袭击，因此只要我集中全军攻其一部，则胜算颇大。说白了，我就是要将战略上的各个击破原则运用到战术上，从而赢得会战胜利。

人事的纠结

战略既定，我需要着手任命军事主官。然而我环顾四周，曾经将星云集的军队现在却冷落凋零。我任命的 26 名帝国元帅要么战死沙场（贝西埃、拉纳、波尼亚托夫斯基），要么无耻地投敌（贝纳多特、维克托、乌迪诺、麦克唐纳、马尔蒙、马基纳、奥热罗、圣西尔），要么体弱多病（朱诺、马塞纳、蒙赛），更多的只是观望，拒绝为我效力。他们大多数原本平民出身，如果在旧王朝，无论如何也达不到如此高位。普通平民军官挤入贵族主导的军官团的可能性不到两千分之一。是我给他们机会，让他们成为元帅、公爵、亲王甚至国王，可是他们给我的回报只有遗忘、冷漠、逃避，甚至背叛。屈指算下来，能够复出为我效力的元帅只剩下四五个了。

北方军团由我直接统一指挥，没有问题。参谋长、侧翼指挥和骑兵军指挥的人选择则让我踌躇良久。

参谋长无疑是最重要的幕僚。他必须能够准确无误地理解我的作战意图，并据此有条不紊地发布相关命令。参谋长应该像无所不在又不易察觉的润滑油，保障战争机器的各个零部件紧密配合，正常运转。

在我去年退位之前，贝尔蒂埃元帅是我的老参谋长。这个人的独立作战能力虽不尽如人意，但他谨慎细致，文案工作一流，是天生的参谋长人选。在以往的战斗中，贝尔蒂埃能把握细节，精确调动部队移动攻防，甚至往往在我还没有讲解完意图时，就已经了解我的策略，让我只需要关注战场整体就够了，为我省下了大量的时间和精力。

路易斯·亚历山大·贝尔蒂埃，他是最理想的参谋长人选。

可惜的是贝尔蒂埃在我回到巴黎之前，竟然跟着路易十八一起逃亡了。这个老家伙是1814年逼迫我退位的重臣中的一员，现在一定是惧怕我报复。哼，我连富歇都能容忍，贝尔蒂埃又有什么可担心的。于是我亲自写信给正在巴伐利亚的贝尔蒂埃，希望他能够迷途知返，重新为我效力。

据我的间谍报告，贝尔蒂埃这段时间情绪很不稳定，似乎在回与不回之间挣扎。无论如何，他曾经背叛了皇帝，这是一个永远的污点。我坚信我的招纳信将打消贝尔蒂埃的顾虑，参谋长的职务我会一直留着，直到他回来。

6月1日，我接到了一具尸体发来的否定答复。贝尔蒂埃元帅从窗台跳下去摔死了。德意志人说，他精神失常，跳楼自杀。还有比这更见鬼的借口吗？贝尔蒂埃也许夹在我和波旁王朝之间，为自己一仆二主而心怀愧疚。但我绝不相信一个在战场上经历过腥风血雨的元帅会如此脆弱。不，一定是我的敌人为了防止贝尔蒂埃回归而卑鄙地谋杀了他。我失去了一个无可替代的帮手。

思前想后，剩下似乎只有苏尔特元帅是参谋长的唯一人选了。倒不是因为他适合，而是我不放心让他独当一面。苏尔特在半岛战争中2次败于威灵顿之下，如果让他独立指挥北方军团的侧翼或其他军团，苏尔特将难以控制住局面，还不如就待在我身边，做做文案工作，就算比贝尔蒂埃差一截，好歹在我本人的监督之下，也不会太离谱吧！

我签发的第二项任命是给内伊元帅的。他将担任北方军团的侧翼指挥官，配合由我亲自指挥的中路军参加战斗。

内伊显然有些不知所措，没有预料到我会将这么重要的岗位留给他。他结结巴巴地说："陛下，您大概也知道，您刚回到法国时我说的那些蠢话。"

我当然知道那些大逆不道的言语，但还是佯装不知："说来听听。"

"我曾对路易十八保证，要将您关进铁笼子带回巴黎。"

我忍不住笑起来。内伊赶忙解释说："这绝非我的真实想法。为了在宫廷立足，我不得不说违心的谎言。"

我收起嘲笑的表情。内伊只是一个大老粗罢了，这个小工厂主的儿子混迹于贵族林立的波旁王朝，一定也很难受，只好说些对我没有任何实质伤害的空话表忠心啰。除了母亲，就连我的兄弟姐妹都会抛弃我，就连玛丽·露易丝皇后[1]回到奥地利后也急不可耐地另寻新欢，何况同我无亲无故的内伊呢。只要我控制住法国，人们就会向我效忠，反之人们就会离我而去；假如把我送上断头台，他们也会跑来看热闹的。这一点也不稀奇，仅仅是人之常情而已。

---

① 拿破仑的第二任妻子，奥地利公主，罗马王的生母。

我说："我会像莫斯科战役之后那样欢迎你。"

当年在俄罗斯，就是内伊担当后卫抵挡俄军，确保我安全离开。内伊几乎是最后一个离开俄国的法国人。我在集结地没有发现内伊时，以为他已经阵亡了。结果直到第二天他才姗姗而来。为了表彰他的英勇，我封其为莫斯科瓦亲王。我从来不是一个睚眦必报的人，我也从不会忘记任何人的功绩。

内伊鲁莽而又勇敢，冲动而又坚定。他更适合指挥一个突击步兵军。现在将他放置在侧翼指挥大兵团，着实有些冒险。可是值此用人之际，也只好勉为其难了。

打发走内伊后，我又飞快地任命了几个岗位的主官[①]，直到一个声音打断了我的思路。

"陛下，我不随军团出征吗？"

这时我才发现所有将军们都一一领命离去，只剩下一个其貌不扬、个头不高、有些谢顶的人还迟迟不愿走开。

这就是我的忠诚而又能干的达武元帅啊！

路易-尼古拉·达武，我忠诚而又能干的元帅。

① 拿破仑当然不是在同一时刻决定人选的。事实上，直到 6 月 11 日，即拿破仑离开巴黎前一天才决定让内伊加入。可见拿破仑自己也很纠结。本文在这里做了艺术加工，不过不影响实质。

我离开座位，走到他身边，张开双臂扶着他的肩膀说："达武，我需要你留在巴黎，继续担任陆军大臣及巴黎行政长官。"

巴黎是我的大后方，我必须启用绝对信任的元帅掌管后备军，运输补给，提防不测。这一次比利时战役仅仅是我预想的一系列会战的第一战。万一失去后方的支持，我将难以为继。况且只要有沉稳坚韧的达武坐镇，那些企图叛乱的人也不得不掂量必然失败的恶果。

我当初提拔达武，只是看中他对我的忠心。因为在我的直接指挥之下，将领们自身的军事才华并不那么重要。但是在1806年的奥尔施塔特战役中，达武率领第三军团以一敌二，面对突然攻击的5.8万普鲁士军，在没有我干预的情况下毫不畏惧，镇定指挥，竟然将敌军全线击溃。就连我也不得不佩服达武的军事实力。

达武固然比内伊、苏尔特等人强，用他来指挥侧翼当然更好，可是内伊、苏尔特这些人能镇得住巴黎吗？这就像下棋一样，不仅要考虑当前的得失，更要思考后续的杀招。如果在吃掉威灵顿、布吕歇尔这些"车""马""象"之前我的"皇"就被消灭了的话，其他事情一点意义也没有了。

达武郑重地点点头，表示完全理解我的苦心，不过他接着说："陛下，如果您胜利了，巴黎当然是您的；如果您战败了，巴黎或者我对您而言还有什么用呢？"

我一时语塞。

这个问题我也思考良久。布吕歇尔是我的手下败将，威灵顿没对过招，但据了解也仅仅是擅长防御而已。同时法军在我的多年调教下，无疑已成为欧洲最精良的部队。我们唯一的劣势就是人数偏少。但我自信只要亲自出马，胜率仍可以达到90%以上。

我习惯性地将双手背在身后，来回在房间内踱步，缓缓地说："达武，你的任务很重。我还需要你继续招兵、造枪，你还要负责监造巴黎的城防体系，要将巴黎要塞化。"

达武奇怪地问："陛下，您不是计划进攻吗？"

我回答道："为了达到战略突然性，有时也需要散布烟幕嘛。敌人侦察到是由你亲自督办，更加会信以为真，以为我只会在法国境内防御。总之，你的任务真真假假，虚虚实实。我的元帅中也只有你能够独立应付。有你在巴黎，我会很放心。"

达武有些勉强地接受了任命。他还担心什么，难道怀疑我战胜不了威灵顿和布吕歇尔吗？是的，我曾经失败过。但是击败我的不是哪个人，而是俄罗斯的严冬和阴谋背叛。威灵顿和布吕歇尔，他俩将在我的败将名单中再添一笔。

将军大臣们都走了。只是还有一个位置无人担当——骑兵军司令官。正在烦恼之际，侍从送来一封缪拉元帅的信件。

"拿来！"我厉声道。

缪拉在信中表示希望我能够原谅他之前的所作所为，让他重新来到皇帝的麾下作战。

这个混蛋、叛徒、异装癖居然还有脸给我写信！

诚然缪拉是最好的骑兵司令，我了解他，曾经信任过他。从1795 年镇压保皇党的"葡月暴动"时起，缪拉就一直跟随我左右南征北战。我让这个卑微的小旅店老板的儿子当上了帝国元帅，我封他为那不勒斯国王，我甚至还把亲妹妹嫁给了他。可是他怎么样呢？竟然落井下石！他在我最需要支持的时候同奥地利签订合约，反戈一击，同他的祖国法国为敌。1 年后，缪拉看到我回归巴黎，竟又企图脱离奥地利重返我的阵营。他的愚蠢超过了他的精明。

我抓起缪拉的信，揉成一团，狠狠地扔了出去。这种首鼠两端的人我绝不原谅。我做出决定，任命刚刚晋升为元帅的格鲁希为骑兵司令。

内伊、苏尔特、格鲁希，每个人都有不可弥补的缺点。然而毕竟是由我亲自坐镇北方军团，应该能够控制他们的弱项，充分发挥他们的优势吧。想到这里，我稍微释怀了一点。

"陛下，公民呼唤您现身。"侍从又忽然出现，打断了我的沉思。

我揉了揉胀痛的面庞，起身再次来到窗边，猛地拉开窗帘，挥手向广场上的群众示意。"皇帝万岁"的呼喊声响彻云霄。法兰西的公民们，雅努斯神庙的大门即将开启，雅努斯的凯旋门①不久也将竣工②，很快我就会你们带来捷报。

1815 年 6 月 12 日凌晨时分，我坐上一辆毫不起眼的马车，悄悄离开巴黎北上奔赴前线。

战役设想

马车在漆黑的 2 号公路上飞奔。只有 1 支小型近卫军护卫左右，北方军团的主力部队已经先期秘密集结到法比边界的莫伯日、福尔米、希梅地区。为了迷惑敌人，6 月 11 日我还故意在巴黎公开亮相，威灵顿和布吕歇尔大概真以为我会死守巴黎呢。

在滚滚惊雷中，如注暴雨将公路变成了难以前行的泥潭。每隔半分钟，马车就会磕上一个大坑或顽石，剧烈的颠簸几乎将我甩到车顶。我的痔疮不合时宜地又发作了。疮痛处像被利刃撕开一样，每一次撞击都使痛苦加倍。

真是不可原谅啊！我不在法国的这一年，路易十八将曾经好端端的 2 号公路变成了这幅鬼模样。

---

① 雅努斯是古罗马人的保护神。当战争爆发时，罗马人就会打开神庙大门，罗马军团在出征前也会通过雅努斯拱门以祈祷胜利。这种拱门后来演变成欧洲流行的凯旋门。
② 著名的巴黎凯旋门是拿破仑于 1806 年下令建造的，不过该工程在拿破仑退位后被迫中止了一段时间，直到 1836 年才竣工。

有献媚者称呼我为"伟大的公路建设者"，这倒也是名副其实。为了实现"条条道路通巴黎"的目标，我下令建设了四通八达的公路网。其中2号公路就从巴黎连接到了阿姆斯特丹，途径布鲁塞尔和昂维尔，是14条帝国一级公路之一。可是再好的道路若不妥善维护，很快也会破败。如果让波旁王朝重新上台，整个法国将像这条公路一样腐烂下去。

虽然我的思维仍然敏锐，但我的身体要开始衰弱了吗？疼痛使我忍不住想大声呼喊出来。可是我的副官、侍从就在身边，大战在即，我必须隐藏自己的感觉，绝不能流露出一丝脆弱。我咬紧牙关，默默地将北方军团的作战计划再次检视，以忘却痛苦的侵蚀：

由于敌人尚未察觉法军的战略意图，其20万大军分成普鲁士军团和英荷军团，以布鲁塞尔和沙勒罗瓦（Charleroi）为分界线，分别驻守东西比利时。其中布吕歇尔的普鲁士军团以列日为基地，威灵顿的英荷军团以布鲁塞尔为基地，2个军团都散布在各自的防区，还没有集中。

因此我可以利用敌军分散的空档，分割2个军团的联系，随后用部分兵力拖住敌1个军团，主力部队则歼灭或者至少击溃另1个军团；最后全军调头攻击剩下的那个敌人。

我的首选目标是比利时东部的布吕歇尔部。因为威灵顿以擅长防守著称，而布吕歇尔则善于运动攻击。如果进攻威灵顿部陷入僵持，布吕歇尔可能会突破法军防线，从后面夹击我军。但反之，威灵顿谨小慎微，行动迟缓，我可以有更多的时间从容迎战普鲁士军。

如果布吕歇尔接受挑战，我就直接歼灭他，然后再全军左转，同威灵顿战斗。如果布吕歇尔不堪压力，退守到列日或那慕尔甚至莱茵河东岸，那么未经战斗损耗的法军则更有把握战胜英荷军团，然后长驱直入占领布鲁塞尔，彻底化解北部的威胁。

这个计划有着良好的柔韧性，不论布吕歇尔如何选择，我都有应对之策。但这个计划的风险也显而易见。我是将12万法军插进20万敌军中间。其中左翼起牵制作用，防止威灵顿同布吕歇尔合兵一处；右翼是法军主力，集中力量歼灭普鲁士军。我最多只有1天的时间击破布吕歇尔，否则就算威灵顿是蜗牛，爬也爬来救援了。然后法军在东西夹击之下，要么被包围聚歼，要么向法国撤退，这都意味着我的宏观战略破产。

虽然有上述风险，然而战争就是要出奇制胜。根据情报，威灵顿将英荷军团的主力部署到了更靠西的蒙斯地区。正如威灵顿不曾预料我会主动攻击比利时一样，他还假设就算我进攻，也不敢深入敌阵中心，以劣势兵力分割联军。他判断我将从西面朝布鲁塞尔进军，切断英军同后方基地及西部海岸线的联系，同时还避免同时与2个军团作战。威灵顿的思路也有几分道理，可惜他根本不了解我的战争思想。我对切断补给线这种耗时耗力的战术毫无兴趣，集中力量歼灭敌军有生力量、速战速决才是核心。

待威灵顿意识到我的真实目的后，从蒙斯调兵向布吕歇尔方向移动，至少要行军24小时。这个时间差就是上帝给我的礼物。不，我不相信上帝，这是谋略的成功。有人说"君权神授"，错，我的权力是依靠自己的力量获得的①。上帝不会拯救法国，但我会。

我已经牢牢把握了战争的主动权，下面只需要正常发挥就能全胜。然后北方军团可以在布鲁塞尔休整1周，6月底再南下到阿尔萨斯的莱茵河地区，同拉普将军指挥的莱茵军团会师，消灭更弱的奥地利军和俄军。如此大事可定，第七次反法同盟必将破产！

---

① 拿破仑显然并不信奉宗教。按照传统，皇帝的加冕礼应该在梵蒂冈举行。1804年拿破仑加冕为法兰西帝国皇帝时，竟然半诱骗半强迫地将教皇庇护七世弄到巴黎来主持仪式。就在教皇准备代表"上帝"将皇冠戴在拿破仑头上时，拿破仑竟然夺过皇冠搞"君权自授"，其自信且嚣张的个性可见一斑。

计划到这里，疼痛稍微减轻了些。我坚信法兰西士兵能够经受实战的考验，可我的将军们能够理解我的意图并根据战场情况灵活指挥吗？苏尔特、内伊、格鲁希都是平庸之辈，他们会不会中途掉链子，搞得我满盘皆输呢？也许真应该把达武和缪拉带来。

在自信和怀疑的斗争中，我悄然睡着①了。今后几天我可能没有多少时间睡觉了，现在必须抓紧时间补充体力。

大幕拉开

经过 12 个小时的奔波，我于 6 月 12 日午后来到临时大本营拉昂（Loan）。天气早已放晴，初夏的阳光温暖宜人。我下车伸了个懒腰，便叫人在花园里支起桌子，命令提前到达大本营的高级军官立即赶来开会。

据最新的情报显示，威灵顿和布吕歇尔，这两人不知道是太过自大还是太过愚蠢，竟然丝毫没有察觉法军的动向。从布吕歇尔左翼的列日（最东端）到威灵顿右翼的奥登纳德（最西端）战线绵延 160 公里，20 万同盟军仍然分散驻扎，没有备战迹象。我原来设想的最坏情形——英国人和普鲁士人已经抱紧成团——并没有发生。明知战争一触即发，他们还如此漫不经心，莫非真以为我会在巴黎按兵不动，坐以待毙？我下定了决心，维持原计划不变：孤军强行突入，分割敌 2 个军团的联系，利用时间差集中优势兵力逐个歼灭。所谓名将，就是要先谋而后行。还没有出巴黎的大门，我就自信满满地将整个战场态势尽握手中。

---

① 拿破仑精力旺盛，同时又能随时随地睡着。这在激烈的战斗中是一个巨大的优势。当敌方主帅已经晕头转向时，拿破仑仍能保持头脑清醒。

1796 年，我第一次远征意大利时，在皮埃蒙特就使用过这套战术。当时我只有 4 万兵力，对方奥地利军和撒丁军合计有 8 万。兵力对比同现在差不多。结果法军在 15 天连续运动作战中六战六胜，横扫亚平宁半岛。20 年过去了，我取得的胜利不计其数，皮埃蒙特战役对我而言也只是众多战役中的普通一役罢了。但我现在还清晰地记得就是在那时，我得到了贝尔蒂埃参谋长，马尔蒙和朱诺是我的副官，还有缪拉是骑兵队长。这些人以后都成为我不可或缺的左膀右臂，可是现在却物是人非……

我抛开这个晦气的想法，重新振作起来说："我预计 15 日将触敌。现在英荷军团和普鲁士军团的战线拉得过长，兵力十分分散，我军在局部战场毫无疑问将占据优势。先生们，最迟下周我们就要在布鲁塞尔召开军事会议。到那时，我们可怜的路易十八又要搬家了，大概会去格陵兰岛吧。"我的小玩笑活跃了严肃的气氛，将军们都嘿嘿笑起来。"搬到马达加斯加也不错，"有人插嘴道。现在路易家的人正躲在根特城，如果逼着他们再次狼狈出逃，我又能获得更多的政治优势。

接着我要各部队长官汇报当前各部所处位置。第一个坏消息突如其来。不幸的是，这不是最后一个，也不是最坏的一个，只是一盘变质的开胃菜罢了。

由于参谋长苏尔特元帅和手下一堆白痴参谋们的疏忽，格鲁希元帅的 4 个骑兵军竟然没有收到集结命令，现在还悠闲地在驻地遛马。本来我的兵力就捉襟见肘，别说 4 个军，就是多 1 个团的人也很关键。我"噌"地一下站起来，几乎要掀翻桌子。我把双手背在身后，努力使自己冷静下来。现在破口大骂苏尔特又有什么用呢！好在我早就考虑到了大部队集中所产生的"摩擦"[1]，

---

[1] "摩擦"一词是后世克劳塞维茨对各军事单位协调不利的形容。他是能够深刻理解拿破仑军事思想的权威。

尚有时间补救。于是我立即命令格鲁希不惜马力，让骑兵全速前进。

军需补给也没有到位。我的参谋和军需官们都是一群尸位素餐的废物吗？然而开弓没有回头箭，好在几天后我们就能拿下布鲁塞尔了，到时候再让士兵们大餐一顿吧。

6月14日，法军主力继续向北移动到博蒙特（Beaumont）。这里离对面的普鲁士军只有一片密林的距离。次日全军就将每人携带4天的干粮及50发子弹，兵分两路越过法比边境。

出于习惯，每次会战之前，我都要亲自下到部队巡视一番。借用敌人的话说就是："拿破仑亲临战场相当于4万士兵的威势。"我的身体一直很难受，加之连日操劳，我非常想躺在行军床上多休息一会儿。可这一次我尤其要让士兵们见到我。因为士兵忠于我，却并不信任他们的将军。很多将军、元帅都曾在去年背叛过我，士兵们担心他们会在战场上再次出卖皇帝和法国。

我骑马穿梭于各军营之间，让士兵看到他们的皇帝仍然像以前那样奋战在战场，掌控着全局。每到一处，士兵们都爆发出"皇帝万岁"的欢呼，以至于我不得不强令制止，以免附近的普鲁士人警觉。接着传令官开始宣读我为纪念辉煌的马伦哥战役和弗瑞兰战役所发布的纪念日宣告：

"今天是马伦哥及弗思德兰的周年，我们2次解救欧洲命运。现在敌人联合起来攻打我们，他们的目的是要推翻法兰西的独立，及其最为神圣不可侵犯的权利。

"军人们，耶拿之战，我们是以一敌三，就是敌这群骄傲自大的普鲁士人；蒙米拉尔之战，我们是以一敌六。疯子们，他们得了片刻的胜利，就全都瞎了眼了。他们若进入法兰西，他们将在那里找坟地。士兵们，我们要打仗要冒险，但只要拥有坚强的意志，胜利将属于我们。祖国的权利和荣耀将取回。时候到了，对每个有志气的法兰西人来说，现在不战胜，即战死！"

士气高昂！

每一个士兵都摩拳擦掌，跃跃欲试。经过大革命的洗礼，法国人民不再是封建领主的附庸，而是法兰西的公民；法国军队更是成为一支崭新的国民军。这次战争既是为了保卫我的皇冠，更是为了保卫他们自己的土地、财产和自由。精神与物质的力量是三与一之比。人少不可怕，我的军队人数一直都比敌人少；怀着坚定信念的军队才是最强大的无坚不摧的力量。

然而背叛，就像夏日里挥之不去的苍蝇，还是不可避免地发生了。6月15日清晨，第四军军长格拉尔将军匆匆觐见，报告他手下一个叫包尔蒙的师长带着几个军官连同详细的作战计划投敌去了。格拉尔还拿出一张包尔蒙留下的辩解条："不想成为法国建立血腥专制的帮凶。""血腥专制"，这不正是波旁王朝的生动写照吗，什么时候我也有此"殊荣"了？我"呸"的一声轻蔑地说："保王分子永远不会变成共和战士；共和战士也永远不会变成保王分子。"早就知道这些保王党靠不住，当初真应该学习雅各宾派把他们都送上断头台。

没有时间再去理会这个意外了。一粒卑劣的沙子不会破坏战争机器的完美运作，上紧的发条即将松开，致命的武器就要投射出去。果然法军很快就击溃了驻守在桑布尔河桥头的普鲁士军。我的意图是在中午以前让大军渡过桑布尔河，然后继续追击普鲁士军。我的大本营也将推进至桑布尔河畔的沙勒罗瓦。

出乎预料的是，没有敌军防守的桑布尔河桥反而成了难以逾越的障碍。直到中午12点半，工兵才将普鲁士人设置在桥上的障碍物清理干净，而大部队通过这座狭窄的石桥又耗费了不少时间。

时间是我的朋友，但如果不抓住它的尾巴，它就会成为我的敌人。当下我的战略意图完全暴露，我必须在当天追上普鲁士军，同时要占领一个据点，死死拦住增援而来的英荷军团。下午3点，我命令内伊元帅指挥第一军、第二军和近卫骑兵师组成左翼，沿着沙勒罗瓦通向布鲁塞尔的公路北进，通过左翼包抄，从西面威胁普鲁士军团右翼；与此同时，这条公路也是威灵顿救援布吕歇尔的必经之路。只要卡住这条公路上的一个十字路口，威灵顿和布吕歇尔就会被分割，不能相互支援。

这个路口就是——四臂村（Quatre Bras，也译作"卡特尔布拉斯"）。我一眼就看出，这个战略要点将决定整个比利时战役的成败。对于这样的军事判断，内伊也应该一清二楚吧！可后来发生的事情，让我直到晚年撰写回忆录描写到这个时刻时，内心都还在流血——我认为是常识的事情，我手下的笨蛋元帅未必就能理解。

由法军主力构成的右翼在格鲁希元帅的指挥下过河后猛攻普鲁士军，于天黑之前占领了弗劳拉斯（Fleurus）。普军在次日有两个选择：要么继续后退越跑越远，这样我就转而歼灭威灵顿，长驱直入占领布鲁塞尔；要么固守战线集结重兵后同我决战，如此甚好，我就顺势消灭布吕歇尔，剩下的威灵顿也就容易对付了。总的来看，只要当天各部依照我的指令到达预定阵地，成果就还颇令人满意。

晚上9点我回到大本营时，由于在马背上待了近19个小时，已经精疲力竭。当年我曾两三天不休不眠，照样精神焕发地指挥战斗，可如今我真的老了吗？我才46岁啊，这是一个统帅的黄金年龄。是不是我已经燃烧完了自己的精力，只剩下一副渐渐衰老的躯壳？

我刚刚迷糊了一会儿，就被人摇醒。内伊从左翼回来汇报战况。

我只好披上一件大衣，强忍着倦意向内伊指示道："明天你继续坚守四臂村。我将根据右翼的战况调动部队。或者从你部抽出一个军来支援右翼攻击普鲁士军，或者我率右翼向你靠拢攻击英荷军团。"

内伊傻愣了一会儿才说："四臂村还在英国人手里。"

天哪！他还没取得四臂村！

我几乎要捶胸顿足：当内伊得令率军出发前，我为什么不再三强调四臂村的重要性呢？

向左走——四臂村；向右走——林尼

想必我的脸色十分难看，内伊低着头一口气说了好几条理由，为其未能攻陷四臂村辩解。

他现在手上只有雷耶的第二军。这个军从 15 日清晨就开始作战，已经十分疲惫了，如果强攻四臂村恐怕会损失惨重。而德隆的第一军还没跟上来，内伊希望待兵力加强后一鼓作气，以避免落入"逐次添油"的窘境。内伊继续补充道，在右翼法军还未击退普军之前，左翼法军就太过突出，容易陷入孤立；况且当时天快黑了，只好将进攻未果的部队撤回到四臂村以南不远的弗拉斯内。

我曾经公开赞扬内伊元帅是全法国"勇士中的勇士"。这个鲁莽有余、机警不足的人为何突然一反常态，过分谨小慎微。内伊确实是敢于身先士卒的勇士，但这种勇敢完全不同于一位独立作战的统帅所应具备的勇气。拿下四臂村，貌似被敌人包围，实则是将普军反包围。此时此刻，冒险才是安全，谨慎就是失败。

我只好耐心地向内伊详细解释了我的战略意图，严令他在 16 日之内必须攻克四臂村，否则威灵顿的增援部队将越来越多。深夜 2 点，内伊总算明白了我的意思，便告辞回到左翼前线。此时我还不知道，15 日下午在四臂村抵抗法军的同盟军是只有 9000 人的荷兰军队，且弹药不足。而指挥着 4.3 万人，具有绝对优势的内伊只要下定决心持续攻击，很快就能将敌军赶出四臂村。我丧失了这个机会。滑铁卢的失败其实就是在这一刻初露端倪，在将我吞噬前，悄悄长出不易察觉的毒芽。

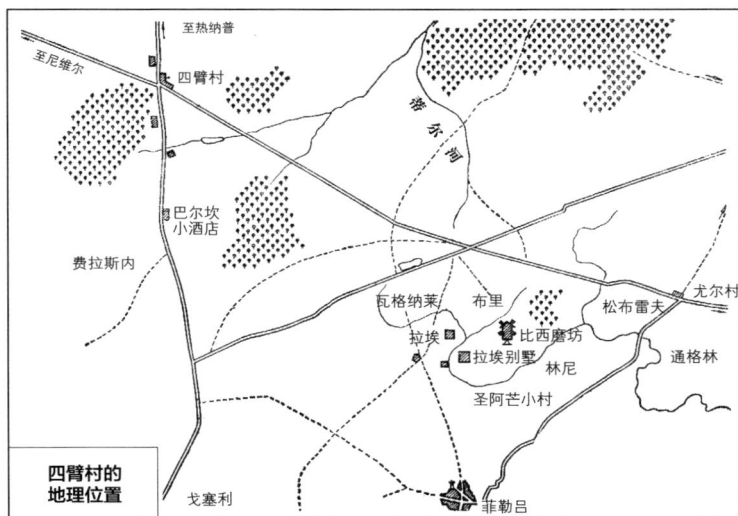

四臂村的地理位置十分重要，内伊啊内伊，你怎么就不明白呢！

6月16日上午5点，右翼的格鲁希元帅发来报告称，侦察到有数量巨大的普鲁士军从那慕尔开来，极有可能在林尼（Ligny）附近展开。看来布吕歇尔这把老骨头还挺硬，打算接受我的挑战一决胜负了。与此同时，内伊的报告也不期而至，内容是英荷军团也在大规模向四臂村靠拢。

我飞快地分析了当前形势。布吕歇尔是常败将军，在耶拿和奥尔施泰特战役中就铩羽而归，后来更是做了法军的俘虏。如果午前法军就进攻，普鲁士军目前最多只能集结4万人，而法军右翼有近4.5万人，我手上还直接控制着3万多人的预备队。如此我军优势相当明显。这个老元帅屡败屡战的精神固然可嘉，不过既然他主动找死，我自然也却之不恭，在下午3点前就能让他如愿以偿。

然而糟糕的参谋再次让我的计划受挫。

此刻右翼只有旺达姆将军的第三军完成了战斗部署，格拉尔将军的第四军还远在沙勒罗瓦待命，一时半会儿赶不过来。原来前一天叛逃到了普鲁士一方的师长就是这个军的。法国士兵本来就很不信任他们的将军，这次叛逃更使第四军的行动产生了混乱，再加之苏尔特元帅没有及时发布命令，导致第四军行动迟缓。

我决定推迟总攻，等待第四军加入以增加胜算。

下午1点，第四军总算姗姗而来，然而1.4万人就算立即列队布阵也很耗时，我预计最快还需要1.5小时才能全线进攻。布吕歇尔当然也不会闲着。他一定拼命地督促各部向林尼靠拢。真是该死，现在每推迟1分钟开火，就意味着更多普鲁士军加入战场。

我预计此刻内伊的左翼已经攻克了四臂村，于是指示内伊在击退反攻四臂村的英军并留下少量防守部队后，即刻率全军向东南移动，侧击普鲁士右翼；反之，法军右翼如果先歼灭了普鲁士军团，则将向西北移动以支援内伊。

下午2点30分，战斗终于打响了。我派出2个骑兵军拖住布吕歇尔的左翼，又派出2个步兵军主攻敌右翼和中央。普军顽强顶住了法军的攻击，布吕歇尔似乎总是有源源不断的部队投入到即将突破的战线上，使我的将军们一次次无功而返。事实上，在林尼作战的法军最后面对的不是4万，而是8.4万名普鲁士军。

此刻我意识到必须调用内伊的部队才能决定战局。于是在下午3点15分，我再次向苏尔特口述了一纸命令给内伊，要求他立即对普鲁士军右翼采取行动，不可再犹豫1分钟。若他能全力以赴，就能致普鲁士军团崩溃。法兰西的命运就掌握在内伊手中。

传令官出发后，我还不放心内伊是否能理解这道命令的重要性，是否能将它严格执行。万一内伊正同敌军酣战，很可能无法脱身。于是我用铅笔草草写下一份手令，命令内伊若无法全军驰援，也必须派遣德隆的第一军迂回到离林尼战场西北面 4.8 公里处的华格尼里（Wagnelee）。这个位置可以充分打击敌人的侧翼。手令交给我非常信任的侍从官比多耶尔伯爵。

林尼的战斗仍在残酷地进行。不到 5 万人的法军把普鲁士军逼得喘不过气来，布吕歇尔的预备队也渐渐都投入到战斗中。可是普军在压迫之下仍未后退一步。战事胶着，是时候雷霆一击了。

我手上还有最精锐最忠诚的近卫军作为预备队。从下午 3 点过给内伊下达手令后，第一军无论如何也能在下午 6 点赶到。我计划在 6 点整投入近卫军猛攻普鲁士军中央，必然能够击溃当面之敌，然后近卫军左转从东面攻击普军右翼，同时第一军正好从西面予以夹击。这样近卫军、第一、第三、第四军就能将普军大部团团围困，消灭三分之二以上的敌军不成问题。

5 点 30 分，我向近卫军下达了准备作战的命令。一切就绪，我就等着布吕歇尔逃之夭夭或者主动求饶了。可是一个意外破坏了计划。正当近卫军的方阵向前移动时，第三军军长旺达姆骑马飞奔而来，报告发现一支两三万人的部队正从左后方向我军接近。

怎么可能？这绝不是德隆的第一军，他应该在我的左前方才是；也不会是英军，威灵顿还没有那么果敢，竟派一支军队绕到我的后方。可是这支神秘的军队只能是上述两种情况中的一种。

"近卫军暂停，原地待命。"我给参谋长下达了指令。

不能冒险，万一真是英军的话，我必须把近卫军留下以防不测。虽然事发突然，但我并不慌乱。我的近卫军个个都是以一当十的勇士，仅仅 3 万来敌不足以摧垮法军防线。可是大多数普通步兵的素质远远不如久经战阵的近卫军，我从望远镜中发现第三军的阵型开始混乱，旺达姆甚至报告有师长已经下令调转炮口对准自己的队伍防止士兵溃散。布吕歇尔显然也注意到了变化，调遣普军反守为攻猛烈逆袭。我急忙派遣青年近卫军的 1 个师赶到第三军阵地，才勉强压住阵脚。

直到 6 点半，前去侦察的参谋才赶回来报告，确认是德隆的第一军。我来不及欢呼这个好消息，也没有时间调查德隆行军路线奇怪的原因①，现在必须抓紧分分秒秒重新组织对普鲁士军团的总攻。7 点半是最后的进攻节点。如果天黑之前不能击败普军，第二天威灵顿就可以和布吕歇尔会师。这是最糟糕的战局。

就在我庆幸还有时间、还有机会时，德隆军在离前线仅有 3 公里时，突然又折返回去了。德隆这个混蛋，他是在梦游还是在郊游，难道他是白痴看不懂我的直接命令吗？苏尔特也急了，建议再派遣一个传令官把德隆追回来。

"还有什么用呢？"我不耐烦地说："现在出发去追，到德隆再调头回来达到预设的华格尼里进入战斗，至少要 3 个小时，天早就黑透了。"我按捺住焦躁，将德隆甩到脑后，就当他从来不曾出现过一样。现在近卫军又可以投入战斗了，这才是当务之急。

7 点半，整装待发的老年、中年和青年近卫军端起上了刺刀的滑膛枪，高呼着"皇帝万岁"，迈着整齐坚定的步伐朝普军走去。橘色的夕阳从乌云密布的天空中寻找到一丝裂缝，将一抹霞光照射在他们平静的脸颊上。我几乎产生错觉，似乎这些人不是进入屠场，而是回到各自温馨的家中享受晚餐。

终于，乌云完全遮蔽了天空，隆隆雷声压制住了炮声，倾盆大雨熄灭了枪声。然而我的近卫军们没有丝毫踌躇，他们像一堵石墙缓缓推进，虽然速度不快，但足以碾垮所有的障碍。面对着明晃晃的刺刀和盖过了雷鸣的呼喊，英勇奋战的普鲁士人也害怕了。他们的阵线开始混乱，然后一点点后退，终于如决堤之水一泻千里。

法军攻陷了林尼。

---

① 关于德隆军的奇怪行军路线，请参阅正文后的"本篇背景介绍"最后几段文字。

我的近卫军在林尼之战中作战英勇，势如破竹！

夏日的阵雨来得快，去得也快。太阳在落下地平线前的最后一刻又一次照亮了战场。时间，再给我一点时间吧！我需要光明引导战士们消灭敌人！

布吕歇尔老而弥坚，丢失林尼后，又指挥普军 32 个骑兵中队企图重新夺回阵地，但他们的反扑被我近卫军成功击退。有人报告曾看见一个年迈的普鲁士高级军官从坐骑上重重地摔下来，差一点就被法军擒获。不过在混乱和黑暗中这个人又不见了，随后普军也停止了反攻，开始全线撤退。显然我几乎就生俘布吕歇尔了。

"陛下，需要继续追击吗？"苏尔特参谋长问道。

我当然希望猛打穷寇，可是在黑暗中无法确定敌军方位。当前，敌我双方的损失尚不清楚，威灵顿还在西面蠢蠢欲动。更要命的是，大概刚刚淋了一身暴雨，我全身无力，思维陷入了停滞。

"不必追击了，全军就地安营。"我无力地摆摆手。但我还是凭着本能给格鲁希下了一道命令："派 1 个骑兵师跟着普鲁士军队，保持接触，随时报告普军动向。"

我回到大本营紧紧地裹上毯子，在恍惚中睡着了。

决战前的风暴

6月17日，又是一个阴沉沉的早晨。

虽然休息了一整晚，可身体仍然不适，我也不能像往常那样集中精神思考问题，整个脑袋如同一团糨糊。我多么希望躺在安乐椅上，在厄尔巴岛的沙滩上享受地中海的和煦阳光，什么也不用牵挂啊！我要继续研究数学问题，争取有朝一日能够成为法兰西科学院院士。这样的生活不是很惬意吗？对科学真理的追求不是比战场上的血腥厮杀对人类更有帮助吗？

这个念头在脑海中只停留了1秒。

当我逃离厄尔巴岛的监禁回到法国时，我就自愿放弃了安逸。我不仅要对自己的选择负责，更要对12万大军的生命、法国的未来负责。我的身体，我的大脑，我的精神不是拿破仑的私产，而是整个法兰西的财富。难道我会在最后一刻怯懦吗？只要赢得了这一次战争的胜利，我就签署和平条约。我厌倦了战争，管他是奥皇、俄皇、普王还是首相，我不再恨他们了，我也没有兴趣再输出"自由、平等、博爱"了。波澜壮阔的时代即将过去，我要平静地建设法国直到罗马王成年。那时我就立即退位，投入到科学研究中去。为了实现这一切，我就要彻底击败布吕歇尔和威灵顿。

我草草洗把脸，开始阅读各方面送来的战报。

格鲁希元帅报告，骑兵师在凌晨4点追上了溃退的普军后卫并击退之，还缴获了8门大炮。普军正全体向列日方向撤退[1]。

---

[1] 实际上，这是一份错误推测敌军动向的报告。

内伊元帅报告，英荷军团仍然占据四臂村。

负责清扫林尼战场的格拉尔将军报告，普鲁士军死伤和被俘约 1.6 万[①]人，法军损失则在 1.1 万至 1.2 万人之间。

我摊开地图，重新评估了当前的局势。

林尼之战中，法军完成了战役预想，将普军赶到了东面，使其远离威灵顿军团，破坏了这两个军团联合作战的企图。这样还在四臂村的威灵顿就被孤立了。法军便有机会全力击败威灵顿。可是林尼的胜利是不完全的，普鲁士军实力犹存，不排除布吕歇尔杀一个回马枪再次投入战斗的可能性。当务之急是判断布吕歇尔是否还有战斗意志。

布吕歇尔是平庸之辈，在战事失利的时候退回到更安全的后方基地列日和那慕尔，这应是理所当然的。况且普鲁士和英国本就貌合神离，布吕歇尔不大可能为了拯救威灵顿而甘冒风险前来营救，因为布吕歇尔也害怕法军继续猛追，如果调头向西朝威灵顿靠拢，就很可能正好和追击的法军迎头相撞。反过来，布吕歇尔也没有理由确信威灵顿会来营救自己。他不会忘记在林尼的战场上，没有一个威灵顿的士兵出现。布吕歇尔和威灵顿两军同时相向推进显然是最佳策略，但是双方又很害怕万一己方推进，而对方不推进，自己就会被法军消灭。因此双方理智的选择都是背叛对方避免自己冒险。

这就是人性的卑劣。胆怯、自私、贪婪是撒旦敢于同上帝争夺人类的底牌，也是我能够击败一个又一个敌人的最有利的武器。从格鲁希的报告来看，普鲁士军确实向列日撤退了。

虽然前一晚没能锁定胜局，但往往对世事所能期盼的最好结果就是没有出现最坏的结果。就在 15 日开战前，敌我双方人数比

---

① 其实普军还有 8000 人无组织溃散了，并未计算在普军损失中。

例还是 2:1，现在已经降低到了 4:3，何况此时优势还在我。我用铅笔在地图上四臂村的位置重重地画了个圈，这里就是威灵顿的坟墓。

这时内伊的第二份报告又送来了。他为未能占领四臂村辩解道："德隆将军的失误夺去了我获得一次辉煌胜利的机会。"

他不提还好，这种蹩脚的理由更是使我怒火攻心。早在 2 天前我就要求他攻占四臂村。内伊一再拖延，丧失了有利时机；而且在林尼会战中他也没能支援右翼，导致普鲁士军团退而不溃，否则我此时根本就不用担心布吕歇尔，一心一意打击威灵顿就行了。

我当然很愤怒，不过我能在众目睽睽之下，像公鸡那样将愤怒挂在头顶上到处"喔喔喔"地抱怨吗？况且内伊在四臂村战斗中身先士卒，不顾安危。我怎么能够公开责骂一个勇敢的人呢？尽管这种"勇敢"对将军而言，实在愚不可及。

"问题在于你零敲碎打，逐次用兵。假如德隆军和雷耶军一直在一起行动，你当面的英军就不会有一人漏网；假如德隆伯爵执行了朕的命令，普军可能已被彻底摧垮，我们也许已抓获 3 万俘虏。"

接着我再次不厌其烦地详细解释了我的意图。内伊必须坚守目前在四臂村的阵地以拖住威灵顿。我则率领右翼大军运动到四臂村，从侧翼攻击威灵顿。如果发现威灵顿有撤退的企图，内伊就必须立即进攻并占领他们的阵地。

我让副官将命令重复了一遍，感觉应该很清楚了，就连杂货铺的伙计也能理解。不，内伊这家伙已经坏了大事，说不定又自以为是。于是我又加派了 1 支骑兵侦察队前往四臂村，这样我可以直接掌握威灵顿的动向而不必苦苦等待内伊迟缓且从没有好消息的报告。

"陛下，我军将向哪个方向移动？"好久没吱声的苏尔特元帅问道。这个参谋长啊，既不"参"，更不"谋"，到头来什么事情都得我出马。

"等!"我挤出这个词来。"兵贵神速"向来是我用兵的基本准则。不过现在英荷军团和普鲁士军团的情况还不能确定,到底是转向四臂村进而挺进布鲁塞尔,还是穷追普鲁士军一直打到列日,这着实是两难选择。我必须在得到确切的情报后才能最终决定今天的攻击路线。

战场永远笼罩着一团信息的迷雾。若等待迷雾散开再采取行动,可能早就失去了先机。很快我就将为这个"等"付出惨重的代价,只是此时我还茫然不知。

在接下来的 2 个小时里,我重回林尼巡视昨天的战场,慰问伤兵,还检阅了部队。直到上午 11 点,四臂村方向的侦察终于确认威灵顿还留在原地未动;追击普鲁士军的侦察骑兵则报告敌人仍在继续向东退却,离威灵顿越来越远。

我的脑细胞又开始活跃了。布吕歇尔远遁,威灵顿傻等。现在 1 秒钟都不要耽搁,全军立即朝四臂村急行军,争取当天天黑前就击溃英荷军团,第二天就到布鲁塞尔游行。考虑到普鲁士军还颇有实力,为了防止腹背受敌,我又给格鲁希元帅一道指令[①],要求其率领第三、第四步兵军共计 3.3 万人和 96 门火炮继续搜索普鲁士军,并随时向我报告普军动向和意图。就这样,我鬼使神差地把几乎三分之一的兵力剥离出自己的控制,分给了格鲁希。这是我一生中最大的战略错误。当我晚年在圣赫勒拿岛的暴风雨夜回顾峥嵘岁月时,我一再责问自己为什么会出如此昏着。集中兵力应该是我的本能啊!攻击威灵顿是正确的,至于搜索布吕歇尔,最多派 1 个骑兵军就绰绰有余。也许在那一刻我期望格鲁希有足够的智慧,在变化莫测的战局中自行判断最有利的行动。可是既然

①关于这份致命的命令,请参阅正文最后的"番外:遥远的滑铁卢"。

内伊难堪大任，而刚刚勉强晋升元帅的格鲁希又能好到哪儿去呢？

下午1点，我已经可以看见3公里之外的四臂村了。奇怪，弥漫的硝烟呢？隆隆的炮声呢？厮杀的士兵呢？四臂村周围静悄悄的，仍然一幅恬静的乡村画面。当我快接近四臂村后才发现，英国人刚刚向布鲁塞尔方向开溜了，而内伊的部队还在慢悠悠地吃午饭。他是来野外郊游的吗？

我派人传令内伊全军立即跟着我的部队出动追击。不久德隆的第一军总算赶了过来。我一见到他就劈头盖脸地狠狠骂道："你毁了法国！"德隆一脸委屈又不知从何辩解。其实我也清楚，真正应该被责备的人是内伊。似乎是在回应我的愤怒，天空中响起一声炸雷，瓢泼大雨不期而至。

现在不是训责部下的时候。我扔下德隆，亲自带领第四骑兵军的2个师，快马加鞭地追赶威灵顿的后卫部队。大雨迷糊了我的眼睛，狂风吹歪了我的帽子，汗水和雨水浸透了我的灰大衣和绿军装。我疯狂地抽打自己钟爱的阿拉伯矮种名驹，大声呼喊着攻击的口号："他们是英军，向他们开炮。"

我似乎又回到了1796年，那是我第一次远征意大利，我在洛迪桥头高举战旗、手握佩刀冲过了由奥地利重兵把守的大桥，并在数日之后占领了米兰城。彼时我多么意气风发啊，此刻我却是一个腆着啤酒肚的中年男人，滑稽地大呼小叫，为弥补部下的错误而身处险境。

骑兵们也毫不怜惜马力，跟着我向敌人的退路追击。威灵顿的军队已经乱作一团，士兵们沿着通往布鲁塞尔的公路拼命逃窜。若是平时，我的骑兵可以轻松赶上他们，用马刀劈开他们的脑壳。

大雨在前一天拯救了普鲁士人，第二天同样帮助了英国人。道路和田野泥泞不堪，马蹄陷在烂泥中举步维艰。不论骑手如何鞭笞，久经沙场的战马也难以挪动。

我军追击英国人时，暴雨让前方的火炮陷在泥里难以移动。

　　马走不了，人腿还可以动。步兵越过骑兵向前冲。不过大雨虽然浇不灭法军的热情，但足以使滑膛枪全面罢工。近在咫尺的敌人终于摆脱了追击，退守到一处高地——威灵顿事先在那里安排好了防御阵地，暂时稳住了阵脚。

　　暴雨来得快，去得也快，火器又可以发挥威力了。我决定乘敌军立足未稳之机马上发起攻击，突破这道防线。6点半，4个炮兵连的人马终于到达目的地，我下令第四骑兵师在炮火的掩护下向敌军发起冲锋。英国人居高临下用火炮反击，法国骑兵无功而返。威灵顿在仓促之下仍能稳健退守，倒真不愧是防御大师。

　　我明白当天不可能击败英荷军团了。

　　我懊恼地指着太阳对身边的人说："为了取得约书亚的神力，

我什么代价都肯付，只要把它的运行推迟 2 小时[①]。"本来我不需要神力就能大功告成，只要内伊遵守我的命令在中午前就发动进攻。看来掌握人心比操纵太阳更为艰难啊！

"这是什么地方？"我问道。

苏尔特端详着地图回答道："陛下，敌人所在的高地叫圣杰安山（Mt Saint Jean），山后有一个小镇叫滑铁卢。"

"滑铁卢，"我喃喃地重复一遍，道："明天就在这里决定未来吧！"

决战前的静谧

刚刚休息了一两个小时，雷鸣就将我从睡梦中惊醒。

6 月 18 日凌晨 1 点，窗外暴雨如注。在恶劣的气象条件下，圣杰安山上的英军动向不明。威灵顿会不会趁此机会偷偷溜走呢？如果他继续向北撤退到防御更为稳固的布鲁塞尔周边，等待普鲁士军团增援，那我的战役设想就将全盘泡汤了。

我越想越觉得不安。不行，我需要亲自去勘察一番，万一英国人有后退的企图，法军必须立即追击。如果豪雨不能阻拦威灵顿逃跑，自然也不会是法军的前进羁绊。

我带着 2 个随从，骑马静悄悄地向前线走去。法国士兵们都在露天环境下就地宿营。很多人连帐篷都没有，躺在地上被雨水浇得透湿。见鬼，难道没人妥善安排孩子们好好休息吗？这应该是参谋长的本职工作啊！高级军官们可以在温暖干燥的农舍里睡觉，他们对士兵们的痛苦毫无感觉。

---

① 典故出自《圣经·约书亚记》第十章。

"陛下，小心！"随从惊呼。

士兵们横七竖八躺在泥潭里，一条腿绊住我的脚，我一个趔趄差点跌倒。

我摆摆手，示意随从轻声。从 15 日算起，战士们连续行军战斗了 3 天，体力已经到达了极限，只有抓紧时间休息，才能在新一天的战斗中取得胜利。我发誓到了布鲁塞尔，一定要让士兵们好好休整 3 天，充分享受比利时的美食。

我来到距敌人不到 3 公里的地方——拉贝勒联合（La Belle Alliance）高地——这个名字听起来就不太吉利，交给英荷联军可能更应景。我在淅淅沥沥的雨声中仔细分辨对面的动静。还好，英荷军团的阵地上很安静，只有星星点点的营火在漆黑的夜色中摇曳。天助我也，威灵顿即将成为英格兰的罪人，他将让英国唯一的陆军，最纯正的盎格鲁撒克逊人的血流尽。

假如我是威灵顿，我绝不会违背反法同盟统一的作战原则——协同进攻。为了安全，我宁可更后退一些，宁可龟缩在布鲁塞尔高举免战牌。只要拖到 7 月初，新组建的奥地利、俄罗斯和普鲁士大军就能同时越过法国边界。可是威灵顿竟然置如此安全的战略于不顾，将英国的未来寄托于一场会战的结果，难道威灵顿利令智昏到以为能够战胜我吗？

"陛下，请回去休息吧。"

不，威灵顿虽非天才，却也绝非蠢蛋。他之所以敢于决战，还是寄托于布吕歇尔能够增援。林尼之战后，普军虽然溃败但实力尚存，如果这支部队能够及时投入战斗，威灵顿就将占有极大的数量优势和心理优势。这大概就是威灵顿如此自信的原因吧。

"陛下，天快亮了，请注意安全。"

威灵顿的如意算盘取决于布吕歇尔的决心。这两个司令很可能已经互通了信息，达成了协议。可是以普军当前的可能位置推算，他们至少到当天下午5点后才能赶到滑铁卢。而一般会战的时间不会超过6小时，我看英军能顶住帝国军队进攻4小时就不错了。也就是说等普军出现时，英荷军团恐怕早就崩溃逃散。如此也许更好，我就不用再费心去寻找布吕歇尔，就地把这个老头子再狠狠敲打一遍。这次可不会让普鲁士人溜之大吉了。况且威灵顿也不知道我派出了3万多人去追击布吕歇尔。最有可能出现的情况就是格鲁希元帅在路上截住布吕歇尔，威灵顿望眼欲穿的援军永远不会出现在他的望远镜中。

"陛下，苏尔特元帅请求得到指示。"

我从沉思中回到战场。暴雨已经渐渐变成了蒙蒙细雨，天空泛起了鱼肚白，一层淡淡的雾气笼罩在丘陵和沃野上，呈现一派迷人的田园风光。这一天将有数万升鲜血浇灌在这片土地上，来年这里的收成会不会更好呢？

"命令所有部队在9点前进入战斗状态。"我本来预想7点钟天一亮就进攻，然而前提是雨必须停止。虽然晚了点，但在午后3点结束战斗还是有把握的。如果不下雨，16号法军就能全歼普军；如果不下雨，17号法军就能追上英荷军团；如果不下雨，说不定现在法军正一路扫荡直奔布鲁塞尔；如果不下雨，我应该躺在舒适的床上修养，让将军们去收拾残局。太奇怪了，这个夏天冷飕飕的，本来应该晴空万里却阴雨连绵。难道这是上帝故意刁难，制造反常气候①干扰我的胜利？

正在猜疑之际，晨雾中传来若隐若现的钟声。当天是周日，附近村镇的教堂敲响了召集民众的大钟。当然附近村民早就逃之

---

① 也许还真是上帝的刁难。1815年4月，印度尼西亚的坦博拉火山突然喷发，其能量是广岛原子弹的8000万倍。这是人类历史上最大规模的火山爆发。这起事件导致1815年全球气候异常，1816年更是被称之为"无夏之年"。1815年欧洲的连绵阴雨很可能就是这次火山爆发所致。

天天，牧师只是仍旧用钟声向上帝祈祷。祈祷什么？和平？仁慈？还是宽容？这是丧钟，献给威灵顿和布吕歇尔的死亡丧钟。

稍后我回到大本营略作休息，并邀请部分高级军官共进早餐。我刚坐下，一个参谋就急匆匆拿来一份战报给我批阅。这是格鲁希前一天晚上10点发出的，深夜2点才送到大本营：

"敌人3万人继续撤退中……普军大概已分为2支纵队，1支已经取道瓦弗尔（Wavre）道路，另1支似乎指向佩尔韦（Perwez）。也许可以认为有一部分将与威灵顿会合，但其主力仍将退往列日。此外有1支纵队连同炮兵退到了那慕尔。"

格鲁希继续说明，他在17日黄昏派出多支骑兵队向两个方向搜索。如果确认普军主力向瓦弗尔移动，就全力追击，阻止其到达布鲁塞尔，并保证将威灵顿部和布吕歇尔部隔离开来。

"大概"，"似乎"，"也许"。格鲁希手上有3万人，从前一天下午出发算起，到了晚上还不知道普军主力在什么地方。他的效率实在低劣到令人发指。不过他的报告至少阐明了一个迹象，就是布吕歇尔确有可能同威灵顿合并，这倒是正好解释了威灵顿敢于决战的原因。这种情况我已经考虑到了，不必太过担心。我拿起铅笔正想给格鲁希做出进一步指示时，我的幕僚和将军们陆续进来向我行礼，随后坐下来进餐。

大战在即，军官们都默不作声，不再像往常那样谈笑风生，似乎缺乏应有的信心。我用勺子敲了敲空酒杯说："先生们，今天我们获胜的机会不下于90%。我告诉你们，威灵顿不是一个好将军，英国人不是好军人。我们将在午饭前解决掉他们。"

除去格鲁希的3.3万人，集中在滑铁卢的法军共计有7.3万余人，其中骑兵就有1.5万多人，还有火炮246门。反之威灵顿的兵力大概不到7万人，不论是骑兵数量还是火炮数量都逊于法军。不管怎么说，上帝总是站在有兵力优势的军队一边的。英荷军团本身就是个多国杂牌军,除了在伊比利亚半岛战斗过的英军比较有战斗力外,其他的都不值一提;更何况我的军队素质更高,士气更旺。

苏尔特赶忙说:"我真诚地希望如此。"

可是从苏尔特、雷耶、德隆这些曾在西班牙同威灵顿交过手的将军脸上,我看不到乐观。苏尔特反而建议把格鲁希的一部分部队召回来,以增强正面战场的实力。我粗暴地打断了苏尔特的话,问道:"9点能准时发起攻击吗?"

苏尔特面露难色,说:"恐怕不行,陛下。昨晚下了一夜的雨,士兵们分散开来宿营,所有物资准备也十分困难,骑兵和炮兵集结也很缓慢。"

掌管近卫军炮兵的德鲁奥将军也说:"雨刚停,地面十分湿滑。不仅炮兵无法快速运动,炮弹也会陷在烂泥里飞不起来,杀伤力将大大降低。"

德鲁奥是出色的炮兵军官,也是我最信任的人,他曾自愿跟随我流放到厄尔巴岛。我不一定完全相信苏尔特,但德鲁奥的话却必须慎重考虑。对于火炮的特性,我其实更加熟悉。1795年在保王党的"葡月政变"中,我就首次在城市中成功使用大炮镇压叛乱分子。不谦虚地说,我是这个时代首屈一指的火炮专家。我当即表示赞同德鲁奥的建议,将总攻时间推迟到了11点半。如果我不推迟这2个半小时,结局会不会改变呢?我永远也不知道答案。

早餐会结束后,将军们回到自己的岗位,我则再次前往战场视察地形和敌情。直到10点钟我才突然记起早餐前给格鲁希的命令还没有发出去。糟糕!糟糕!糟糕!如果是达武元帅倒也罢了,在缺乏我的明确指示的情况下,他必然也能够自行正确判断行动方向。格鲁希就未必有这种能力了。他会不会还傻傻地在路上乱转,不知轻重缓急呢?

我命令格鲁希推进到瓦弗尔，以求靠拢我，并随时同我保持联系，同时驱逐已向瓦弗尔运动并可能已在该处停下的普军，要尽快赶到该处。但是格鲁希也不要将他右面的布吕歇尔部队置之不理；此外还必须收捕其掉队兵员。

时间紧迫，命令迟到了2个小时，必须尽快交给格鲁希。我没有再次斟酌命令的内涵，就交给传令官了。然而这道命令后来却成为另一个致命的错误。我自以为清晰的意图以格鲁希有限的智力来理解，只怕更加糊涂。唉，我当时怎能预料得到呢？

我骑马走在士兵的阵列中，频频挥手向士兵们致意。战士们热血沸腾，全然忘记了疲劳。他们挥舞着战旗马刀，用刺刀挑起军帽，用最大的力气高呼着"皇帝万岁"。声音响彻云霄，乃至压倒了隆隆的战鼓和嘹亮的军号。威灵顿一定也听到了法军的欢呼声，他只怕已经两腿颤抖，后悔莽撞决战了。

11点30分，从法军阵地发射出了第一发炮弹。滑铁卢战役打响了。

开局不利

威灵顿不是一个好战略家，他根本就不应该打这一仗。然而他无疑是个优秀的战术家，至少精于防御。他将主阵地设置于圣杰安山上，这是一座东西走向的低矮山脊，正好截断了从沙勒罗瓦通往布鲁塞尔的公路，同时又是周边区域的制高点，能够俯瞰整个战场并迫使法军不得不从下往上仰攻。与圣杰安山在南面遥相呼应的拉贝勒联合高地是法军的进攻出发点，两座小山脊之间形成了一个长约4公里、起伏不大的峡谷。因此法军必须首先走下山脊，穿过峡谷，然后再爬上圣杰安山山头才能打倒敌人。当然这对我们来说确实是一个不利条件，不过好在山脊和峡谷的高度差并不大，应该不会制造太多麻烦。

英荷军团从左翼（东）到右翼（西），战线约 6 公里长，其正前方约 100 米处有一处砖石建筑物，称之为"拉海圣庄园"（La Haye Sainte）；战线右翼前方也有一座高耸的"豪高蒙特别墅"（Hougoumont）。两幢建筑各自都由篱笆和围墙围绕，便于防御；此外两幢建筑本身也已经完成了防御改造，英军在石墙上开了很多枪眼，能够居高临下射击。因此若要击溃敌人的阵线，还必须攻克这两个据点，否则突击的法军将不断遭到来自侧方或后方的攻击。能否充分利用地形是判断一个将军合格与否的重要标志，威灵顿不愧是沙场宿将。尽管我从未与之交手，见此布阵也不得不佩服其精明。

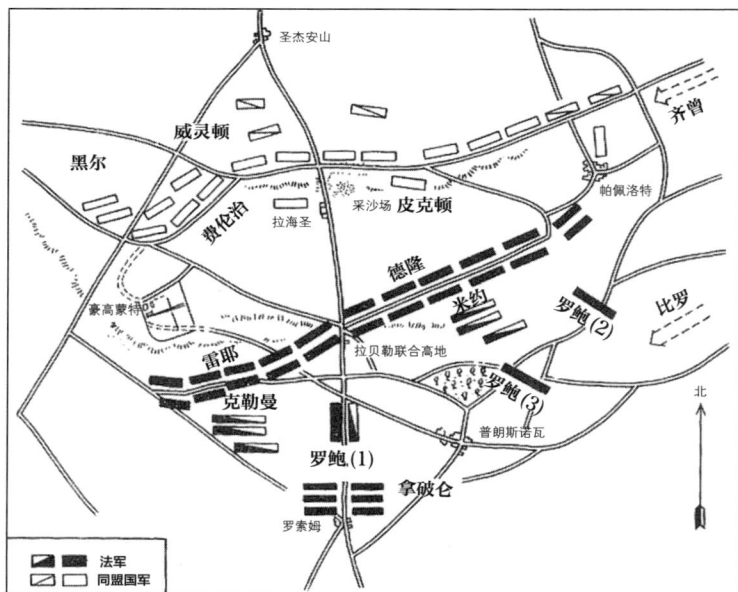

法军和同盟国军的布阵情况。

　　参谋们建议重点进攻敌人的左翼部队，因为左翼没有突前的防御据点，似乎也只布置了 2 个英军骑兵旅。但是我否决了这个颇有诱惑力的方案。左翼固然容易突破，可是也容易让威灵顿顺着大路从容溜走。我的目标不是击溃敌人，而是歼灭敌人，只有消灭了敌人有生力量后，我才能放心大胆地进入布鲁塞尔。当然威灵顿还有小算盘，他一定期待着从东面来增援的布吕歇尔能够帮助他防守住左翼。这样更好，就让威灵顿憧憬永远也来不了的普鲁士军吧，取而代之的将是格鲁希的 3 万劲旅。既然这支法军的力量足以压碎英荷军团的左翼，我又何必浪费更多兵力在那里呢！

　　我计划集中主力正面强攻，突破威灵顿的中央阵线，控制敌军后退的道路，然后两翼开花，让正好赶来的格鲁希吃掉敌左翼，内伊则率部原地左转吃掉敌右翼①。这正如我后来习得的一条中国兵法："以正合，以奇胜。"这才是王者之道。我不必用花哨的布阵来寻求敌人的薄弱点，不用那么复杂。最好的计划就是从敌人的错误中获利。之后我就可以带着近卫军昂首占领布鲁塞尔。每个近卫军的背包里都有一套崭新的礼服，正好用于胜利入城阅兵式。

　　为了尽量削弱敌军的正面力量，我还是耍了一个小小的诡计，命令雷耶将军派一个师的兵力佯攻豪高蒙特别墅，诱使威灵顿从中路抽出兵力增援。当炮火准备开始时，我掏出怀表看了看，正好 11 点半。算上佯攻的时间和威灵顿调动部队的时间，我计划下午 1 点钟发起总攻，那也正是格鲁希应该赶到战场的时间。我满意地背起双臂，现在不是 90% 的胜率，至少应该有 99% 了吧！

---

　　① 拿破仑的这个计划后来一直为很多人所诟病，认为毫无新意，是一种硬打硬冲的笨方案。后人知道结局，当然可以很容易地指指点点。不过站在拿破仑当时的角度，这是唯一能够确保全歼威灵顿军团的方案。拿破仑只是错在误判了敌军的战斗力和友军的行动力，导致胃口太大吞不下，从而一败涂地。

就在我强大的炮兵猛轰联军阵地的同时，下属第二军的第六步兵师奉命攻击豪高蒙特。师长杰罗姆经过 2 次冲击，占领了豪高蒙特南面的一片树林。如果他的战斗热情到此为止就完美了，可实际情况是杰罗姆迸发出强烈的攻击欲望，他将这次以调动敌人为目的的声东击西变成了一次货真价实的残酷战斗。

按中央突破的原计划，能否攻下豪高蒙特并不重要，只要能吸引敌军就够了。可是杰罗姆大概被热火朝天的呐喊和枪炮震晕了脑子，竟然不顾重大伤亡，倾尽全力猛攻豪高蒙特。战斗十分激烈，有好几次法军几乎就要拿下据点，可又被敌人杀了回去。杰罗姆眼看着豪高蒙特近在眼前却又遥不可及，竟然拒绝军长雷耶下达的退出战斗的命令，尽管客观上第六师的官兵一时也难以撤出战斗。雷耶无奈之下只好不断抽出兵力去支援他。最后豪高蒙特不但没能把英军吸引过来，反而像个无底洞把 1.2 万名法军吸了进去。

杰罗姆，这个刚刚 30 出头的小屁孩果然不堪大任，也只能做那个装点门面的威斯特伐利亚国王罢了。杰罗姆·波拿巴——我最疼爱最关心的亲弟弟，我多么希望你能够真正建功立业，为我支撑起帝国的大梁啊！约瑟夫、吕西安、杰罗姆，我的兄弟们就没有一个能为我分忧吗？

时间很快就到了下午 1 点多钟。虽然英荷军团的阵型仍然整齐稳健，但我已经没有时间再推迟了。天黑之前必须决出胜负。我正准备命令第一军开始在火炮的掩护下总攻时，出于习惯，再次举起望远镜扫视法军的侧翼是否存在危险因素。突然我看到离法军大约 6 公里的东北面树林边缘出现了一团黑压压的影子。那是树丛吗？不，树丛不会移动，那是一支军队，一支正在疾驰的大部队！军队从那里出现并不意外，关键是它属于谁？我回想起就是在 2 天前德隆的部队突然出现在我的侧后方，吓了我一大跳。这次一定也是法军，是格鲁希的部队！法军的运动速度是全欧洲最快的，格鲁希一定能赶在布吕歇尔前面抵达战场。

从当天早晨收到格鲁希前一夜发出的报告直到现在，格鲁希还没有另外送来只言片语。我不是在上午 10 点命令他同我保持紧密联络吗？难道这道命令还没送到他手里？如果是这样，那么格鲁希就不知道我的具体方位，也不知道我的意图，那么此时出现的很可能是普鲁士军！不，格鲁希不是聋子，他一定早就听见了隆隆炮声。他应该判断出炮声传来的方向就是法军决战的地点，只要有最基本的智力也知道该怎么做吧？还有什么可犹豫的呢——向着炮声进军增援！

我举着望远镜死死盯着这团"黑云"，默默祈祷。这时法军的巡逻兵押送着一个普军骑兵上尉到我面前，他们从他身上搜出了布吕歇尔写给威灵顿的信件。经过简短的审讯，普军上尉招供来者是由比罗将军指挥的普鲁士第四军，这是布吕歇尔答应给威灵顿的增援部队。

情况变糟了！我心头一沉，但转瞬间我又恢复了自信。当普军到来时，格鲁希也不会远了。他应该一直追着普军打啊！按照目前普军的行军速度，他们大约需要 3 小时才能接触到我军右翼，那个时候威灵顿的中央将被击溃，我再来对付这区区 1 个军的普军也没什么困难。这支普军只是一个小小的不和谐音罢了。

我决定维持原计划不变，只是从总预备队中抽派了 2 个轻骑兵师用于防守普军，再加上罗鲍将军的第六步兵军押后。现在不知所踪的格鲁希能否早来 1 分钟都变得至关重要了。我又发布了一封命令给他："目前我们正在滑铁卢附近激战。敌军的中央在圣杰安山。请立即前来加入到我们的右侧面上。截获的信件指出比罗将进攻我们的右翼……所以 1 分钟都不要耽搁，赶紧前来与我们靠拢在一起，以击溃普军。"

传令官骑马飞奔去了。格鲁希能及时赶到吗？

第二回合：战成平手

我又一次拿出怀表倒数时间。我已经记不清这是第几次了，虽然我明白时间流逝丝毫也不会减缓。

下午1点半，不要再犹豫，不要再准备，命运的闹钟正叮当作响。起来，行动，这是最后的时刻。我将手臂指向圣杰安山上的敌军。于是从公路往东直到威灵顿的最左翼，在1.2公里的战线上，第一军的4个步兵师，共计1.8万人迈着缓慢且从容的步伐，开始从我方阵地出发。与此同时，为步兵提供火力掩护的74门火炮也不断地发射炮弹，越过法军头顶，轰击在650米开外列阵的敌军。

我从望远镜中观察到，驻守在公路以东阵地的敌军在火炮的持续打击下损失惨重，阵型也渐渐动摇了。法军必然能从那里突破敌人，顺利占领圣杰安山山顶。通过军服辨认，防守圣杰安山南坡的是荷兰－比利时旅，而不是威灵顿精锐的英国部队，整个阵型也显得太过于单薄了。威灵顿到底打的什么主意？

当发起进攻后，我就不再干涉军或师的具体战斗了，而是交给将军们去打理。这次冲锋仍然由内伊元帅担任总指挥，德隆将军负责一线指挥。我只是静静地坐在马背上等待前方传来好消息。

如果说战争是一出舞蹈，进攻就是在钢丝绳上跳舞，在迅猛突进的同时还要保持队列的微妙平衡。一般而言，为了最大限度发挥滑膛枪的火力，部队都是排列成长长的横队，这样同一时间就有更多的子弹发射出去。但是好几千人一线的横队，要固定不动还可以，若要向前高速移动则难以控制，最后一定是弯弯曲曲，有的连过于突前，有的连还在后面没跟上，这时就是敌人反冲锋的绝佳时机。因此法军在发起进攻前，会排列成营纵队，从而能够在保持队形的前提下快速推进。当敌军进入滑膛枪射程内时，纵队就展开为横队作战。数轮射击后一旦敌人发生混乱，法军就端起刺刀冲锋，此时再加以骑兵配合，突破敌人阵型十拿九稳。如果敌军放出骑兵阻截，营纵队也可以很快变换成步兵方阵——这是对付骑兵的有效阵型。

可是这天德隆布置的进攻阵型却很不对劲。除了最右边的 1 个师是采取标准进攻阵型外，其余 3 个师不知为何采取了以师为纵队的阵型。这样每个纵队都以展开的营为宽度，每一列都有 200 人之多。太密集了，太密集了，难道内伊和德隆认为敌人的炮都是发霉的哑巴，枪都是生锈的铁钎吗？

果然敌军的霰炮弹持续砸落到法军中间，将战士们成片地掀倒；实心炮弹把挡住去路的法军躯体无情地撕碎。不过即便亲眼看着身边的战友四分五裂，勇士们也没有丝毫畏惧。炮弹滚落之后，便立即有人从后面替补，将破损的阵型填补完整。虽然人体是脆弱的，可密集的队形却好似最坚硬的铁锤，以不可阻挡之势冲向敌人。

孱弱的荷兰－比利时旅果然经受不住猛烈的炮击和步兵突击，稍作抵抗就调头后撤。法军乘势攻上了山顶，然后开始展开阵型，由纵队变成横队。我身边的参谋军官和贴身侍从们都开始相互庆贺这又一拿破仑式的经典胜利。这样的欢庆当天还会发生许多次，但每一次就像佛兰德平原上的晨雾，很快就烟消云散。

也许山脊地面起伏过大，或者士兵们因轻松击溃敌军而雀跃，法军整个阵型在变换中出现了混乱，原本应该井井有条的队列竟然乱作一团。我正在焦急之际，一队英国步兵忽然从圣杰安山北侧的反坡杀出，迎头猛击之后，又端起刺刀冲进阵脚大乱的法军阵营。

我突然明白了威灵顿如此布阵的精妙之处。他故意将弱旅布置于正面并承受炮击，而将精锐隐藏在山脊北坡。这样只要英军适时地卧倒隐蔽，就根本不会被法军的加农炮打着。由于山脊阻挡了视线，法军在攻上山顶之前也观察不到英军动静，这样威灵顿就可以发起突然袭击，打我们一个措手不及。

英法两军旋即展开肉搏，整个圣杰安山上一片鬼哭狼嚎，双方又回到了原始人类的战斗模式，没有战术、没有指挥，只有冰冷的刺刀和火热的拳头相互厮打，一时竟不分胜负。

骑兵，我的骑兵呢？此时正是骑兵大显神威的机会。不幸的是，率先突入战场的却是 2000 多名英国重骑兵。这是威灵顿手下最优秀的联合王国旅和近卫皇家旅。他们毫不迟疑地策动战马，挥舞着马刀向法军冲来，就像镰刀划过待收割的麦秆，转瞬间圣杰安山上就布满了法军的尸体和伤员。法国步兵完全招架不住，不得不放弃刚刚踏足没几分钟的圣杰安山，全面败退下来。一个英国军官在追击中用刀劈翻了法军旗手，夺取了一面绣着雄鹰的军旗。

该死，我们一面绣着雄鹰的军旗让英国人夺去了！

英国骑兵乘胜追击，在一举击溃了赶过来支援的法国胸甲骑兵旅后更是士气如虹，一路狂飙下山，越过峡谷，竟然突入到我军的炮兵阵地上，对着毫无还手之力的炮兵和骡马一阵屠杀。

英国骑士们非常勇敢，可惜有勇无谋。在缺乏后续支援的情况下如此远离己方阵地只能自取灭亡。我早就准备伺机反攻，立即下令驻守在附近的枪骑兵旅和重骑兵旅投入战斗。经过长距离的冲锋，英国战马已经气喘吁吁，失去了速度。法国骑兵一个凌厉的突击后，杀伤大量敌骑兵，将他们赶出了阵地。

经过这次惊天动地的冲锋与反冲锋后，战场暂时出现了平静。双方都精疲力竭，默默地重新整顿队伍，舔舐伤口，准备再战。双方也同时在等待己方援军达到。格鲁希或者布吕歇尔，谁先到，谁就是关键先生，法国的拯救者或毁灭者。这个回合中，我方伤亡和被俘了大约 5000 人和 2 面军旗，威灵顿方面的荷兰-比利时旅的 4000 人也几乎损失殆尽，其重骑兵在鲁莽的冲锋后亦损失了约 2500 人。从数字上来看，法军还略占便宜，可是我对这样的结果完全不能接受。

1.5 个小时又流逝了。下午 3 点后，战局毫无改观，英荷军团仍然牢牢地占据了既有阵地。豪高蒙特别墅和拉海圣庄园也没有被攻克，反而在英军的不断增援下愈战愈强。这样的僵持状态就是威灵顿所希望的。1 个军的普鲁士人正朝我开来，最多半个小时后就能抵近法军右翼。我必须击溃威灵顿，越快越好。

半个小时后，德隆才勉强将七零八落的第一军重新组织在一起。是否再次发起总攻呢？现在我的兵力已经开始捉襟见肘了。北方军团总共有 5 个步兵军，其中第三、第四军于前天划拨给了格鲁希去追击普鲁士军团，第六军刚刚在下午调往右翼防守突如其来的普鲁士第四军，仅剩的 2 个军中，德隆第一军元气大伤，雷耶的第二军还陷在强攻豪高蒙特的战斗中不能自拔。所以法军除了骑兵外，此时能够动员再次进攻的兵力只有 2 个旅。当然我还有近卫军没有计算在内，不过这是我的预备队，只有在最关键的时刻才能派上用场。

接着另一个噩耗传来。我收到了格鲁希于上午 11 点 30 分送来的报告，他正在向瓦弗尔进军，准备截断普鲁士军团和英荷军团的联系。显然他"出色"地完成了任务，因为整整 1 个齐装满员的普鲁士军已经出现在了我军右翼，确切地说，应该是普鲁士人截断了我和格鲁希的联系才对。

撤退！

这个词犹如一个幽灵闪现在脑海中。现在撤出战场还为时不晚，只要法军实力尚存，我依然还可以寻求战机。可是如果法军不战而退，消息传到巴黎会产生怎样的后果呢？富歇这只毒蝎一定会四处散布流言，诋毁我的声望吧！最要命的是不战而退的结局必然是久拖必败。这是我战略上的死穴，唯一的破解之道就是速战速决。

更何况局势也许没那么糟糕。这份报告是格鲁希在 11 点 30 分写的，那时他还没有接到我分别在上午 10 点和下午 1 点给他送去的命令。尤其是下午 1 点的命令已经十分明确地要求他立即向我增援。算上传令官在路上的时间和格鲁希接到命令赶到滑铁卢的时间，无论如何，4 至 5 小时足够了，也就是说，格鲁希最迟在傍晚 6 点就能出现在战场。就算最坏情况下我与威灵顿军团和 1 个普鲁士军打成平手——这当然是没有问题的——只要格鲁希军抵达，必然可以决定胜负。

这样分析下来，我们仍有 60% 的机会获胜。当然比早晨 90% 的预测低了不少，但胜利的金钥匙仍然握在我的手中。假如在占优势的情况下居然还考虑撤退，我就不是那个叱咤欧陆战场的战神拿破仑了。

战争不是懦夫应该玩的游戏。

战事胶着

两个魔鬼在我耳边鼓噪。一个在左边说："赶快击败威灵顿，英荷联军溃散了就什么问题都解决了。"另一个在右边说："比罗的普鲁士军才是最紧迫的问题，必须先巩固我们的右翼。" 我派去防御的罗鲍第六军只有 1 万多人，而普鲁士比罗将军则有 3 万多人。在人数比为 1:3 的劣势下，法军节节败退。正在我踌躇到底该亲自指挥哪个方向的战斗时，普鲁士军击退了防御他们的法军，占领了一个离大本营所在咫尺之遥的村镇——普朗斯诺瓦（Planceonoit）。他们一丝时间也不浪费，很快就架起大炮开始对准通往布鲁塞尔的公路猛轰。这条公路不仅是法军调动的必经之路，也是保障法军后路的生命线，一旦失守必将沉重打击我军士气。

我对内伊扔下一句"尽快占据拉海圣庄园，而后继续进攻"后，便将注意力转移到了普军方向。侧翼一定要守住，看来只能出动预备队了。我下令青年近卫军出动，一定要夺回普朗斯诺瓦。这 8 个营的青年近卫军不负众望，同优势敌人殊死战斗，小小的普朗斯诺瓦竟然先后 3 次易手，才稍稍稳定了局面。近卫军的战斗力再一次增强了我必胜的信心。我的中年近卫军和老年近卫军，这 2 支更强悍的部队还纹丝未动。我要做的只是持续不断给威灵顿施加压力。

我将视线转回中央，愕然发现战场上漫山遍野都布满了法国骑兵。不知什么原因，内伊元帅提前下令让骑兵发起了总攻。而此刻豪高蒙特别墅和拉海圣庄园仍控制在英国人手里。

走在骑阵最前方的是精锐重骑兵——胸甲骑兵团的战士。他们个个身材高大，骑在高头大马上更是威风凛凛。每一个胸甲骑兵的躯干上都包裹着一套铁质铠甲，能够抵挡长矛、马刀砍杀乃至子弹的射击。他们用以保护头部的铁头盔还精心用漂亮的羽毛和马鬃装扮。一把又长又直的马刀是他们杀敌的武器。只要前方出现胸甲、头盔和马刀反射出的耀眼寒光，敌人们就会心惊胆寒，往往不战自溃。

紧跟在后面的是近卫掷弹骑兵。这些绰号"大脚跟"的掷弹兵们头戴高高的熊皮帽，骑着清一色的黑色壮马，除了佩戴马刀外，还用马枪和手枪攻击。然后是穿着绿色紧身上衣的枪骑兵，他们手持长达 2.75 米的长矛，远远就能将敌人的骑兵或步兵戳翻。再后面是龙骑兵、猎骑兵……整整 43 个单位的骑兵中队排列得整整齐齐，缓慢而又坚定地朝圣杰安山前行。

战马刚开始还如闲庭散步一般，渐渐撒开腿一路小跑加快了速度。在冲锋号的鼓舞下，5000 名战士高呼着"皇帝万岁"，驾驭着 5000 匹战马以雷霆万钧之势冲进敌军的阵营。英军的大炮因移动迟缓来不及后撤，很快就被法军捕获。我身边的参谋们又开始雀跃，薄弱的敌军防线将被冲击得支离破碎。

英荷联军不愿束手就擒。在威灵顿的指挥下，敌人也迅速由横队排列转变成一个个以营为单位的独立方阵。方阵之间留有适当的距离，各方阵既可以独立作战也能够相互支援。

当法国骑兵冲到方阵前不到 100 米的时候，联军以尚存的火炮向密集的骑兵发射。每一发炮弹都落进骑兵群里，将人和马的血肉炸得漫天飞舞。接着联军方阵间闪出一个小小的缺口，将炮兵一口含进去加以保护。这时法国骑兵正好冲到方阵面前，迎接他们的是前两排斜向上伸出的刺刀和后两排不停发射子弹的滑膛枪。一旦有人倒下，联军就会把尸体拖进他们的方阵里，还活着的士兵就上前填补漏洞。

法国的勇士们向着死亡无畏冲锋，联军的勇士们也面对着死亡寸步不让。所有人似乎都失去了理智，只是不停地喊啊，冲啊，杀啊！

我皱着眉头对苏尔特说："这是个不成熟的行动，我们可能会吃大亏。"

苏尔特也目不转睛地盯着望远镜里的战场说："内伊又像在耶拿①那样，会牵连我们的。"

这个蠢货，难道他不懂什么是协同作战吗？当骑兵冲锋时，敌军必然由横队转变成方阵防御。虽然这是步兵对抗骑兵的最好阵型，但同时也为炮兵提供了硕大的目标，而且方阵里面人员密集，一颗炮弹下去就能扇倒一大片。因此内伊正确的做法应是占领拉海圣后，将骡马火炮架设在那里，把敌军方阵尽数框在大炮射程范围内，给予他们最大的杀伤。

可是法国骑兵没有炮兵协助，也没有步兵跟上，只能绕着联军方阵跑马却又不能攻破，于是在敌人猛烈的排枪面前损失惨重。这时英国的大量骑兵预备队也投入战场，法军只好后退。

"陛下，我建议让内伊马上撤回。"苏尔特建议道。

这也是我的最初想法。如果此时还是上午，普鲁士人还远在天边，我一定会暂停进攻重新整顿队伍。可是骰子已经扔进了轮盘赌的巨轮里，胜负就在毫厘之间，我没有任何时间再仔细调整了。此时也顾不得什么精妙组织和诸兵种协同之类的战术，只有不顾伤亡一味猛冲，但求首先突破敌阵。不，现在不能停止，反而应该加大下注。我就像红眼的赌徒，将手中所有骑兵，包括近卫重骑兵都一股脑投入到战斗中去了。

---

① 在1804年的耶拿战役中，内伊未经批准就贸然对普鲁士军中央阵地发起进攻，陷入困境。幸亏在其他法军的援助下，内伊才冲出普鲁士骑兵的包围。虽然内伊的行动很无章法，好在耶拿战役还是法军大获全胜。另外，苏尔特和内伊的关系十分恶劣。

为了战争的胜利，我已不惜代价！

　　5 点 30 分，第二轮大规模骑兵突击开始。从豪高蒙特别墅到拉海圣庄园不到 1 公里的狭窄战线上，1.2 万名法国骑兵杀声震天，浩浩荡荡奔向敌人。不要跟我说什么队形太密集，我当然知道，我现在就是要拿人命换时间。战争就是冷酷无情地研究怎样提高己方伤亡费效比的科学。

　　具体指挥战斗的内伊在得到更多骑兵力量的同时，仍旧忘记了炮兵和步兵的支援，只将 1 个炮兵连拉到了前沿阵地。稀稀拉拉的炮弹对敌人并未产生太大威胁。第二次冲锋无果，第三次冲锋被打退，第四次冲锋铩羽而归。马蹄已经找不到可以落脚的地方，除非无视遍布战场的法军战士和战马的躯体。甚至有时候尚未断气、痛苦地呻吟着的人或马反被自己的战友踏成肉泥。

　　一次又一次，每当英荷联军的方阵就要崩溃的时候，威灵顿不知又从哪儿调来了增援，他们的阵地又奇迹般地复原。英国人战斗力之顽强远远超出我的预期。在 1 万余骑兵的反复冲击下竟然仍屹立不倒，我太小瞧威灵顿了。

第五次冲锋总算有了点变化。内伊派出还没来得及发一枪的6000名步兵开始进攻，但是这一次他又忘记要利用骑兵加以掩护。结果在又有1500人倒下后，我军仍毫无进展。

法军久攻不下，士气大落，几乎不能继续发动有效的攻击了。命运的魔掌正死死掐着我的喉咙，一个声音似乎在对我说："撤退吧！你的近卫军还完整无缺，足以掩护全军安全撤退。为什么还要做无谓的坚持呢？"

我策马离开大本营，沿着战线巡视各部队，所到之处一片振奋，"万岁"之声不绝于耳。命运！命运只是我的玩物，我才是命运的主宰者！比现在更危险更绝望的局面我见得多了，每每我都能扭转乾坤，这一次也不会例外。命运固然强大，但也斗不过我更加强大的意志。

我一般不会直接干涉一线指挥官的具体指挥，不过此刻我必须出手了。我招来内伊，严令他首先集中力量攻克拉海圣庄园。从下午1点半到晚6点，小小的拉海圣居然坚持了4.5个小时。内伊头发凌乱、满脸黢黑，军服上沾满了血迹和泥土。久攻不克之下，内伊发了疯似地亲自冲击敌阵。他需要一次辉煌的胜利，或者一个及时的死亡。已经连续有4匹马死在这位元帅的脚下，然而他竟然奇迹般地毫发无损。胜利或者死亡，对他而言都是一种奢望。

这一次进攻颇有成效。在6点30分左右，拉海圣的敌军大部被就地消灭，少部分人坚持不住，退出庄园。然后法军拖来炮兵，在不到270米开外猛烈轰击圣杰安山上的敌军。对，早该这样打了。

我稍感满意，内伊就派来一个上校请求支援。这个家伙总是要增援，难道他以为只有圣杰安山这一个战场吗？在我的右翼，普鲁士军队仍在争夺普朗斯诺瓦村，我不会轻易动用最后的预备队。况且当年在博罗季诺战役中，内伊也是慌慌张张要求增援，幸亏我当时果断拒绝，留下足够的预备队才赢得胜利。我思考了1秒钟，脱口拒绝[①]："让我再增援更多的兵力？我从哪里去调？他以为我会变出来吗？"实际情况是，我手中还握有整整 8 个营的老年近卫军和 6 个营的中年近卫军。

就在法军攻克拉海圣的同时，普军也取得了反击成功，再次占领了普朗斯诺瓦。这是必须处理的危机。我只好命令老年近卫军和中年近卫军各 1 个营夺回这个关键地域。近卫军站在我身边一整天都没运动，早就憋着一股劲。他们端起刺刀，一枪未发冲进普朗斯诺瓦同普军展开白刃战。不到 20 分钟他们就赶跑了普军，然后再交由青年近卫军防守。右翼的危险暂时解除了。

到了晚上 7 点钟，我决定押上所有部队进攻威灵顿。一场战役的结果永远是无法预料的，在最困难的时候也就是峰回路转的时候。最后一搏，成败在此一举。

最后一击

还有大约 1 个小时就要日落了。黯淡的阳光和滚滚黑烟使战场能见度越来越低。这对必须协调运动的进攻方而言更加不利。王牌必须马上打出去。

我双腿轻轻一夹马肚，来到老年近卫军的面前。

这些身高 1.8 米的战士们戴上熊皮帽后更显得魁梧雄壮，他们精心修剪的八字须一直连到了鬓角，这是近卫军骄傲的标志。所有老年近卫军都是我亲自从大军团中挑选出来的优秀战士。他们至少有 10 年以上的军龄。我认识他们每一个人，记得他们家人的

[①] 这是滑铁卢战役中拿破仑所犯的最后一个致命错误。此时威灵顿也到了山穷水尽的地步。很多史学家都认为如果拿破仑能够及时支援内伊，滑铁卢胜利者的桂冠就不会落在威灵顿头上。

名字，讲得出他们的功勋。老年近卫军不仅仅是完美的士兵，更是忠诚的伙伴。我信任、依赖他们更甚于我的将军们。

我的视线一个一个扫过他们的面庞。我想说点什么，却没有开口。没有必要用演讲来鼓动士气，我的眼神就是最好的激励，他们也用无比坚毅的眼神回答了我的期望。我缓缓抬起右臂指向敌军的阵地，于是老年近卫军的战士们三呼万岁之后便义无反顾地冲进硝烟弥漫、子弹横飞、血流成河的战场。我走在队伍的最前列，推进到拉海圣庄园南边的道路上。

在拉海圣，我留下2000名老年近卫军士兵预备做第二次攻击，将剩下的4000名老年和中年近卫军全部交给内伊指挥。这一次真的是倾尽所有了。熊皮帽子的出现极大鼓舞了已经疲惫不堪的法军。一些被打散或败退下来的士兵重新集结到近卫军身边，列队在我的面前欢呼后再次前进。

这时一个参谋向我报告，在战场东北方向上又出现了一支队伍。是格鲁希吗？一定是他！我来不及确认情况，就忍不住先向各师团传达格鲁希部已经到达战场的喜讯。

近卫军、援军和亲临一线的皇帝，这三支兴奋剂让所有法军士兵再次燃起了获胜的希望。

近卫军排成正面为75人的纵队前进，另伴随有2个各配备了6门大炮的骡马炮兵连来掩护步兵。架设在拉海圣庄园的炮火更是一刻也不停歇，训练有素的炮兵将炮弹准确地发射到联军的人堆里。敌人不得不向后稍微退却，躲进一条壕沟，或躲在公路的路基后面。

我正在得意之时，又一个侦察骑兵过来报告，新出现的那支军队是普鲁士齐曾将军指挥的第一军，他们已经同先期到达的比罗军连成一片，普朗斯诺瓦可能很快就会失守。我简直不敢相信眼前的事实。有两个人彻底欺骗了我。第一个是上午俘获的那个普鲁士骑兵上尉。他一直口口声声说什么布吕歇尔派来了一个军支援威灵顿，其实是整整 2 个军，6 万多人。第二个就是该死的格鲁希，他的 2 个军在干什么，既没来支援我，还放过来更多的敌人，难道他背叛了我？现在不能分散注意力去纠结那些无用的疑问。格鲁希指望不上，布吕歇尔大兵压境，全身而退谋求平局也已经不可能。我的全部希望就是近卫军。只要他们打垮威灵顿，我就能利用天黑取得喘息的时机。等到第二天天亮后，再和格鲁希夹击面前的两个普鲁士军。

我严令身边的人不得走漏这个消息。是的，我欺骗了我的军队，欺骗他们迈向死亡的深渊。如果为此我将受到上帝的惩罚，哪怕失去天堂的庇护也绝不后悔。我只要人间的胜利，哪怕它已经如此虚无缥缈。

我深深吸了口气，再次举起望远镜对准了圣杰安山山顶。

可能是炮火发射时产生的烟雾导致视线不佳，也可能是中年近卫军在匆忙中未能跟上老年近卫军，本来应该集中的纵队刚出发不久就断裂成两截。老年近卫军仍旧直直奔向英荷联军中央，中年近卫军却稍稍向左前方偏去，两军的距离也越拉越远。

虽然阵型略有瑕疵，但似乎已经没有什么力量能够阻止近卫军的碾压了。敌方的回击开始渐渐减弱，显然威灵顿也用尽了最后一丝力量。威灵顿和我，两个拳师都开始晃晃悠悠，随时就会倒地不起；布吕歇尔则正把半个身子挤进拳台。威灵顿还在坚持着，他一定看到了胜利曙光吧。哪有这么容易，我集中了仅有的气力，用直拳正对着他的面门挥去。在布吕歇尔完全踏上拳台之前，我就要让威灵顿七窍流血而毙命。

老年近卫军冲到了山顶，前面的敌军无影无踪。忽然就在他们前方 50 步开外，卧倒在山脊背后的英军齐刷刷站起，600 支滑膛枪几乎同时开火。如此近的距离，射向如此密集的人群，几乎每一粒子弹都穿进了老年近卫军战士们的身体。这是英国近卫步兵的杰作。他们排成完美的3列纵深，当其他列填装子弹的时候，总有1列仍可以射击。他们的火力连绵不绝，密集的子弹形成了一道看不见的"弹墙"，把老年近卫军钉死在了原地。这突如其来的反击使近卫军们措手不及，让他们拥有的非凡战斗技能和无比勇气完全发挥不出来，在混乱中被赶下山顶。老年近卫军司令弗里昂身负重伤，内伊的战马又一次报销，他只好挥舞着马刀，像步兵一样战斗。

这点小小的挫折当然不会停止老年近卫军的步伐。他们在失去指挥官的情况下，一次又一次，一次又一次地向山顶冲锋。就在英国近卫军即将崩溃的时候，从法军右翼传来猛烈的炮声。除了大本营的人心知肚明之外，所有人都愣住了——为什么那里会出现敌人？

终于有人喊道："是普鲁士人！"又有声音喊道："是格鲁希，他背叛我们啦！"不管是谁，士兵们都知道现在在右翼的不是友军，而是一个未知的敌人。

恐慌在军中蔓延开来，就连近卫军战士们也呆若木鸡，不知如何是好。敌人趁机又是一排齐射。以往从来不知后撤为何意的老年近卫军也一退再退，甚至连拉海圣庄园也被联军趁势夺回。就在法军陷入混乱之时，普鲁士军凭借强大的兵力优势再度占领了普朗斯诺瓦，并向公路推进。如果公路被切断，所有人都将被包围在这里！

怎么全乱了！我企图跑到前方亲自重整队伍，可参谋们死死拉住我的马不放松。有人甚至含着泪水说："一切都完了！"

威灵顿抓住了这个机会。我看见他骑在马上，扬起帽子挥了三下。于是联军所有能动的人，包括最后2个毫发无损的骑兵旅，像潮水一般都从山坡上涌了下来。

威灵顿抓住机会，下达了最后的进攻命令。

在前忧后困之下，法军的混乱终于变成了溃散。"近卫军退了！""背叛！背叛！"各种各样的声音——绝望、惊恐、仓皇——汇成一个意思——逃命吧！

王朝的终结

我站在公路上，任由败退的士兵从我身边跑开。我就像汪洋大海中一叶无助的扁舟，几乎被刚刚还高呼万岁的崇拜者们冲撞倒地。

内伊挥舞着马刀，试图拦住逃兵。他大声喊着："你们这些胆小鬼，你们忘记了自己的誓言了吗？你们应该死得其所！"没有人听他的。恐惧是最可怕的传染病。每个人都想比别人跑得快一步，殊不知这样只会加剧他们的死亡。

内伊顺手抓起一个士兵的衣领，高高举起马刀。这个年轻人显然被内伊眼中喷出的怒火吓傻了，既没有求饶也没有反抗。内伊终于没有劈下军刀，只是狠狠地将这个士兵推倒。士兵从地上爬起来，看着我和内伊，犹豫了 1 秒钟后，还是扔掉手中的步枪一溜烟跑了。

我一动不动地站着，等待敌军到来。不论是被骑兵砍死，还是被枪弹毙命，这都是我应得的。渐渐地我发现身边不知何时又聚集了一群战士。原来是后撤的老近卫军自动组成了 3 个方阵，将我围在中间加以保护。你们这些傻瓜，你们为什么不跑，为什么要跟着我一起殉难？

这 3 个方阵坚定地在汹涌的洪流中屹立不倒。一些军官依托方阵，仍然努力收拢起败军，企图重新组织防线。然而任何人都无力回天。

英军猩红色的军服在最后一丝夕阳的照耀下就像燃烧的地狱烈火，从圣杰安山烧到谷底，又从谷底烧上拉贝勒联合高地，用不了多久，我就将在烈火中和我的帝国一起灭亡。

但是还是有人不由分说牵过缰绳，将我连人带马拉出方阵。而这 3 个方阵，仅 3 个营的老年近卫军在康布容将军的指挥下继续把守着公路，掩护我和参谋部后撤。

我扭头望着从厄尔巴岛同我一起回来的康布容将军。他正声嘶力竭地命令近卫军们保持阵型，抵御即将来临的骑兵冲锋。昏暗中我几乎看不见他的脸庞，他也没有朝我撤退的方向回看。这就是永别，毫无准备，毫无预兆，来不及说告别的话，甚至连刹那间的回眸也没有。

跑，跑，跑！

我们不得不从滑铁卢撤退……兵败如山倒！

　　不知从什么时候开始，追兵变成了普鲁士军。他们今天就没怎么作战，现在个个倒是精神饱满，在皎洁的月光下一路猛追。这伙野蛮人没有起码的风度，对着已经丧失抵抗能力的法军仍旧滥杀不止。这已经不是作战，而是一场狩猎了。这是为了报复不久前的惨败吗？我当年为什么没有彻底毁掉柏林呢？

　　6月19日凌晨1点，我跟跟跄跄地退回到了四臂村。苏尔特重整了一部分残军，略微稳住了阵脚。命运真的很神奇，就在同一个地方，就在不到36小时前，我还自信满满地要进入布鲁塞尔，哪知落了个一败涂地。

　　我停下来休息了一会儿，询问康布容将军是否跟上了队伍，一个刚刚赶到的军官告诉了我那悲壮的一幕：英国人将近卫军和康布容将军团团围住，要求其立即投降。面对英军黑洞洞的炮口，康布容只回答了一个字："屎（Merde）！"。于是这些勇士在他们最后的岗位上被炸成了一团分离不清的血肉。正如他们的誓言那样：战斗时是一个整体，死亡时也不分彼此。

我正准备在四臂村安营扎寨，谁知不远处又传来普鲁士军的鼓号声。于是士兵们扔下所有能够抛弃的东西——步枪、背包、大炮、马车……继续向南逃窜。这个晚上，法军 7 次企图扎营，7 次又被普军赶上，然后一直逃过沙勒罗瓦，逃过桑布尔河，逃回法国境内。

在得知康布容将军的壮举后，我决定不能轻言放弃，否则就是对牺牲将士的亵渎。我一次次在营地收拢部队，却一次次以失败告终。在这个混乱的夜晚，普鲁士人真的能出动全军追赶吗？我的直觉判断，所谓追击的马蹄和鼓点只是一小撮普鲁士骑兵的虚张声势罢了。这几天战斗下来，双方的损失其实差不多，只要能集结部队，再进行一场决战不是不可能。

在菲利普维尔喘息的时候，我给在法国摄政的哥哥约瑟夫写了封信："并不是一切都完了……我重整部队时，我将有 15 万人。国民自卫军……将提供 10 万人……新兵训练营另有 5 万人。现在还有时间来挽回大局……但是人们必须帮助我，而不是用什么劝告使我震耳欲聋。"我知道无数自以为是的聪明人很快就会跳出来在我耳边喋喋不休，无非是说服我又滚出法国罢了。我不甘心就这样结束，只要手中还握有兵权，总会有办法的。

但是士兵们早已失去冷静思考的能力，没有人再高呼"皇帝万岁"了，也许他们知道曾经风光无限的皇帝现在同他们一样，也在泥泞的道路上狼狈跋涉。士兵们不再关心皇帝和法国的命运，只专注于拼命地逃跑，只有回到法国，回到自己的家乡后，他们才能从惶恐中恢复过来。

6 月 22 日，我身心疲惫地返回巴黎爱丽舍宫。10 天以来我首次洗了个舒服的热水澡，吃了顿可口的早餐。表面看起来巴黎波澜不惊，一切都原封未动，可这 10 天时间对我而言却恍如隔世。

还有希望卷土重来吗？失败的消息还没有正式公布，但流言已经
开始肆虐。法国和我将何去何从，我必须马上做出决定。

议员们当然希望我立即退位，以避免同盟国将战火烧到法国，
如此才能保护资产阶级的私产；军官们也丧失了信心，不敢奢望
能够咸鱼翻身；保王党此刻更是弹冠相庆。我还能依靠谁呢？

士兵？是的，经历了失败初期的迷茫后，士兵仍然忠诚于我。
在皇宫外，一群联盟党人和工人还在向我欢呼。于是有人建议我
应该时时刻刻同军队待在一起，离开巴黎亲自掌握军队。我的弟
弟吕西安亲王更是提出立刻发动一场政变，解散议会。

"大胆干，"他说："我们搞成了'雾月政变'①，这次也能
成功，只会更容易。"

我摇摇头。政变是一回事，全面内战是另一回事。金融大亨、
企业主、商业老板……有钱人的议会正牢牢控制着政权，他们还
有国民自卫队的保护。兵不血刃就解散议会显然不切实际。我不
能在外国人大兵压境的情况下挑起内部分裂，1793 年的战争不应
该重演。

当天我第二次签署了退位诏书。

6 月 25 日，富歇——一个新的执政委员会的主席——俨然以
政府首脑的名义命令我立即离开巴黎。怀着无限的屈辱和愤恨，我
来到马尔梅松。这里是我唯一的挚爱——约瑟芬皇后的长眠之地。
仅仅因为约瑟芬没有子嗣，我就绝情地同她离婚，反而迎娶敌人
的公主，难道这就是报应。

7 月 3 日，我来到罗什福尔港，有 2 艘护卫舰正停泊在那里供
我驱使。我打算离开欧洲这个是非之地，到美洲去避难。不过为

---

① 1799 年 11 月拿破仑从埃及孤身返回巴黎，在控制军队后发动政变解散议会，推
翻督政府，建立执政府，自任第一执政，开始其独裁统治。

时已晚，英国海军已经封锁了港口。约瑟夫提出由他假扮我的容
貌向英军投降，我则乘坐另一艘战舰偷偷溜进大西洋。此时我已
经心如死灰，厌倦了所有的诡计。与其作为逃犯东躲西藏，不如
端端正正径直走向敌营。

这一次，他们将把我流放到偏远闭塞的圣赫勒拿岛。

　　1815 年 7 月 15 日，我登上英国军舰"伯雷勒芬"号（HMS
Bellerophon），住进了舰上最好的房间。当战舰起锚时，我独自
站在甲板上，呆呆地望着越来越模糊的法国海岸线，良久不愿离去。
　　永别了，我的法兰西！

番外：遥远的滑铁卢

1834 年，法国议会。

"七月王朝"的首相，61 岁的格拉尔元帅正声嘶力竭地同反对党议员辩论。他受够了这种无聊的口舌交锋。他把头埋在手掌里暗想：我这是怎么了，为什么要耗费精力为那些鸡毛蒜皮的小事喋喋不休。19 年前，一个真正决定法国未来的议题却被我轻易地放弃。在那生死攸关的一分钟里，我知道自己是对的，却没有辩论，没有坚持，没有吵架，没有大打出手，没有自行其是。在那让我悔恨终身的 1 分钟里，我眼睁睁地看着帝国倾塌，皇帝蒙难，却毫无作为。

自从 1815 年 6 月 15 日进入比利时以来，42 岁的格拉尔将军就一直很不顺心。他领导的第四军还未出发，一个师长就临阵投敌去了，还带走了法军的作战计划和实力情报。

虽然皇帝没有责骂格拉尔，但他知道陛下一定很生气，因为这个师长本是贵族出身，格拉尔亲自为其担保以打消皇帝的疑虑。可在那个尔虞我诈的时代，没有谁是值得信任的。皇帝深知人性的卑劣，不过他还是接受了格拉尔的意见，因为他信任格拉尔。就凭这一点，格拉尔在心里暗暗发誓，要为皇帝誓死效忠。

林尼之战的次日，也就是 1815 年 6 月 17 日上午，皇帝突然召见格鲁希元帅、第三军军长旺达姆将军、第四军军长格拉尔将军及几个骑兵师师长。他根据当前局势，重新拟定了新的作战方案。他将率领主力同威灵顿的英荷联军决战，而在场的几个将军将在格鲁希的统一指挥下继续追击前一天被击败的普鲁士军团。

格拉尔并不喜欢这个任务。只有在皇帝身边，他才感到踏实，皇帝总是能发出正确的指令带领军队获胜。这个格鲁希又有何德何能，他只是一个勉强及格的骑兵将军罢了。更重要的是，格鲁希还是一个贵族。贵族都是不可靠的！格拉尔斜着眼盯着这个刚刚荣升元帅的长官，思忖着他就算忠诚，也是个平庸的人。格拉尔宁可接受疯狂内伊的指挥也不愿意在一个碌碌无为的人手下工作。

然而皇帝的命令任何人都不敢违拗。会议结束后，格拉尔等人各自回到所属部队准备出发。稍后皇帝还将口头命令写成书面文本交到格鲁希及其下属手中：

"立即率领骑兵和第三、第四步兵军向狄布卢（Gembloux）前进。你应该向那慕尔和马斯特里赫特的方向搜索，并追击敌人。对于敌军的运动，应随时向我报告，以便测知他们的意图。这非常重要，他们是在与英军分开呢，还是有联合的意图？是掩护布鲁塞尔呢，还是列日？是否想在另一次会战中试试他们的运气？"

格拉尔读到这纸命令时大吃一惊。这道命令太含糊了，同时又太具体了。2个军，3万多人到底要干什么？仅仅为了判断敌人的意图？这只要1个轻骑兵师就够了。要打击敌人，3万人似乎又不够。皇帝担心普军同英军会合，又指定了搜索方向是那慕尔和马斯特里赫特，可这是两个完全相反的方向啊！从布鲁塞尔到列日，直线距离就有100多公里，这么大的搜索范围怎可能全部覆盖。难道皇帝的判断出现误差，还是他的能力在一年的流放中衰退？

将军们尽管有太多的疑惑和不情愿，但每个人都热忱地相信皇帝必然着有更深刻的用意，只是他们资质浅薄无法理解而已。自格鲁希以下，将军们都不习惯脱离皇帝指挥并独立行动。离开天才皇帝的羽翼庇护，到底应该怎样决策呢？好在他们知道皇帝的进军方向是四臂村，这支军队离主力只有3至4小时的路程，皇帝大可通过传令官来遥控指挥。

新编大军直到下午2点才出发。格鲁希的先头骑兵师头一天晚上就出发去搜寻逃跑的普军。在消灭了一个炮兵群后，格鲁希相信普军已经丧失了继续战斗的意志，正全体逃往列日。如此一来格鲁希的任务反而相当简单了，那就是跟在普军的屁股后面追，至于皇帝和威灵顿的战斗就不用瞎操心，皇帝只要用一半的智慧就能轻松干掉敌人。

晚上7点，格拉尔才领着他的军慢慢腾腾进驻到狄布卢。这时天降暴雨，道路极其难走，再往前就太不安全了。在这个伸手不见五指的夜晚，普军也失去了踪影。巡逻队最后传回来的消息是普军似乎往瓦弗尔退却。格鲁希在晚上10点钟将这份情报传递给皇帝。不幸的是皇帝到了18日清晨才看到内容。

格鲁希的大军天一亮就出发了。但是普鲁士军团到底在哪里？没人知道。既然如此，那就向最后一次发现普军的地方前进吧。

美美地休息了10多个小时后，走在比利时迷人的乡村道路间，士兵们的心情都还不错。但是格拉尔却越走越发虚。一路上看不到一个普军的影子，不断派出斥候搜索也一无所获，至少应该发生小规模的战斗啊！事情一定发生了变化，超出了预期。格拉尔想到这里，拍马朝格鲁希的指挥所去了。

格鲁希刚刚写完呈给皇帝的第二份报告。他倒是牢记教导，写报告很是积极。格拉尔尚未开口，一阵隆隆炮声就从远方传来。几个军官趴在地上仔细辨听了一会儿，进来报告：炮声来自滑铁卢方向。显然皇帝和威灵顿的战役打响了。

此时是6月18日上午11点30分。

所有高级军队和参谋都汇集到指挥所商讨目前的局势。格鲁希还未发言，格拉尔就抢先说："必须向炮声的方向前进，立刻！"旺达姆将军也同意："皇帝需要我们支援。我们要快些到那里去。"

格鲁希犹豫了，纠结了，迷茫了。这不是出发前皇帝设定好的剧本啊。皇帝的书面命令白字黑字清清楚楚，任务是追击普鲁士人，没有一个字要求去增援。难道要公然违背皇帝的旨意？

格拉尔急了，跳起来不顾礼仪，嚷嚷道："前进，不能再等待。"

　　格鲁希继续用沉默回答格拉尔的激动。他正在痛苦的思想斗争中。皇帝并未派人送来更改目标的命令，在此之前坚持原有的命令才是符合皇帝意愿的吧！军人以服从命令为天职。思毕，格鲁希摇了摇头："不行。"

　　格拉尔有着完全不同的军事理念。皇帝就算是天才也不能穷尽考虑到所有的情况。现在执行原有命令的基础已经荡然无存，固守死命令不是忠诚，而是最大的背叛。格拉尔抱着希望说道："请元帅阁下允许我带领第四军和小部分骑兵去滑铁卢。如果皇帝不需要我增援，我立即赶到瓦弗尔同您汇合。用急行军的速度，我不会耽误您对瓦弗尔的进攻的。"

　　格鲁希又沉默了。他拿出书面命令看了又看。皇帝没说增援，更没说要分兵，普军在瓦弗尔总兵力本来就可能超过自己，怎么能让整整 1 个军的力量离开呢！还是一个词："不行"。

　　格拉尔气得将拳头攥得死死的，恨不得将这个愚笨的元帅一拳击倒。但他还是冷静下来，放下拳头。他妥协了，遵照格鲁希的命令向瓦弗尔进军。

　　就在这一刻，只有不到 4 小时路程的滑铁卢成为格拉尔永远也到不了的滑铁卢。他做出了正确的判断，却没有贯彻正确的行动。瓦弗尔只有 1 支普鲁士的偏军防守。格拉尔将愤怒发泄到了战场。在几乎是自杀式的冲锋中，格拉尔胸部中弹不省人事。

　　当他苏醒过来后，一切都尘埃落定。

　　格拉尔将头从手掌中抬起，议员们惊讶地发现老首相竟然满眼泪花。刚才议会讨论的是关于国王路易·菲利普的外省行宫修缮费问题，就算首相的意见被否决，他也没必要如此沮丧吧。年轻的议员们一边讪笑，一边继续辩论着影响法国未来的"重大议题"。

（本篇完）

◉ 本篇背景介绍

滑铁卢战役是罕见的以一场战役就决定一场战争胜负的案例。这个战役不仅影响重大，而且自始至终都充满了不确定性，直到最后一刻，胜负还游移不定。就算不考虑其战略后果，单单研究战役本身也是一件很有意思的事情。

研究军事历史有两种途径。一种无外乎罗列事件的背景、各方实力、战略战术的准备等等客观因素，最后总能根据既已发生的史实来证明其结果的必然。这种方法当然有其合理性，但总有点看到落箭的位置再画靶子之嫌。另一种则更关注偶然性，正是无数不可控的偶然成就了历史的独特。这样当我们审视历史时，可以看到更多的张力、冲突、戏剧性甚至一点宿命。当然历史学家研究偶然似乎没多大的意义，但是历史爱好者可能有不同的兴趣点。

通过重温错综复杂的滑铁卢战役过程，笔者理出一条充满偶然性的因果线，只要拿破仑纠正了其中任何一点错误，或克服任何一处阻碍，或避开不可抗力的捉弄，就完全有机会重写历史。那就让我们来看看，命运究竟是怎样一步步将拿破仑推向深渊的吧！

首先，拿破仑没有启用达武元帅和缪拉元帅。如果达武能够替代内伊或格鲁希，什么问题都解决了。而弃用缪拉更为可惜，拿破仑完全是出于个人感情而非理性的考量。这不是拿破仑的一贯风格。

其次，老参谋长贝尔蒂埃意外身亡。如果他能替代苏尔特任参谋长，就不会有那么多莫名其妙的耽搁和语焉不详的指令。

第三，6 月 15 日第四军的 1 个师长叛逃，使该军行动产生混乱，加之参谋失误，导致第四军未能在 6 月 16 日及时投入林尼之战。

第四，当法军于 6 月 15 日进入比利时境内后，拿破仑当天就命令内伊占领战略要地四臂村。可是素来以勇猛著称的内伊竟然踟蹰不前，耽误了第一个战机。

第五，为了等第四军加入，林尼之战直到 16 日下午 2 点半才开始。这导致法军未能在天黑前就彻底击败普鲁士军。

第六，拿破仑从内伊处抽出第一军支援林尼。可是阴差阳错，第一军竟然走错了路，吓得拿破仑以为是敌军，推迟了总攻时间，这又耽搁了 2 小时。

第七，第一军好不容易到了林尼附近，居然一枪未发又转回到内伊所在的四臂村。结果第一军 2 万人在那个下午除了行军锻炼脚力，什么事情也没做。

第八，普鲁士军统帅布吕歇尔差点就被俘或阵亡，但他终究逃脱了。

第九，内伊在 16 日还是没有以优势兵力占领四臂村。

第十，17 日，拿破仑没有在天刚亮时就出发到四臂村攻击威灵顿，而是拖到了上午 11 点。

第十一，拿破仑将三分之一的兵力交给格鲁希去追击普鲁士军。这是最致命的错误。格鲁希完全辜负了拿破仑的期望，既没有打败普军，也没有支援滑铁卢战场。

第十二，17 日内伊并未在四臂村拖住威灵顿，使法军失去了就在四臂村同英荷联军决战的机会。

第十三，拿破仑大军在追击联军时，天降暴雨延误了速度，导致敌军顺利进入在滑铁卢的预设防御阵地。

第十四，17 日晚至 18 日清晨，一直天降暴雨。这迫使拿破仑不得不推迟总攻。如果法军在 18 日上午 7 点，最迟不超过 9 点就进攻，联军就会在普军增援到来之前被击溃。

第十五，拿破仑在 10 点才给格鲁希发去明确的要求其回援的命令。如果能提前 2 至 3 小时，则格鲁希部也能及时增援到位。

第十六，本来应作佯攻的豪高蒙特行动被拿破仑的亲弟弟搞成了强攻。结果不仅没有诱使威灵顿调动部队救援，反而使法军 1 个军的兵力都被缠住了。

第十七，下午 1 点钟，第一支普鲁士援军出现，拿破仑不得不又抽出 1 个军加 2 个骑兵师前去防范。本来这部分法军可以加入到对英军的进攻中。

第十八，抓获的普鲁士俘虏误导了拿破仑，使之以为增援的只有 1 个普鲁士军，实际情况却是 2 个军。如果这时拿破仑果断撤离，滑铁卢战役将打成平局。

第十九，在对英荷联军中央阵地发起总攻时，内伊一味猛攻，没有实施诸兵种协同作战，致使法军损失惨重且毫无建树。

第二十，内伊占领拉海圣后，曾向拿破仑请求支援。内伊是个多次喊"狼

226

小屁孩儿 军校学生 准尉 司令 执政官 皇帝 退出西班牙 逃出俄国 告别德国 完

拿破仑跌宕起伏的一生。

来了"的家伙，以致拿破仑出于种种考虑没有及时派出援军。事实上如果此时让近卫军出动，便能一举定乾坤。

第二十一，当拿破仑投入其所有预备队后，威灵顿也命悬一线了。就在此时第二支普鲁士援军赶到。法军军心大乱，终于崩盘。

关于第七条，德隆军行动为何如此奇怪呢？

拿破仑的那份手令后来丢失了，给内伊传令的比多耶尔伯爵在2个月后被复辟的波旁王朝枪决，剩下唯一的当事人就是德隆将军。他当然会为自己辩护，说是完全遵循了拿破仑的命令，但是又有几分可信呢？一个可能合理的推测是，比多耶尔伯爵在前往内伊处时，首先遇见了德隆军。于是比多耶尔伯爵提前向德隆传达了皇帝的命令。由于手令的字迹非常潦草，德隆不能看清目的地，只好询问比多耶尔。比多耶尔回答说，第一军的目标是华格尼斯（Wangenise）。事实上，拿破仑的原意是华格尼里（Wagnelee）。华格尼斯正好在法军右翼的后方，德隆又没有提前给拿破仑传信，导致法军差点自己不战而溃。

内伊此时正在四臂村同2万英荷联军激战，兵力也不够用。当他得知德隆的第一军被拿破仑调走后，头脑发晕，又派人去追赶德隆，命令他回到四臂村参加战斗。于是就出现了德隆军就要同普鲁士军战斗之前，又调头回去的一幕。想必德隆也很矛盾，皇帝和元帅的命令相反，到底该服从哪一个呢？最后德隆认为拿破仑原本给自己的任务就是参加左翼战斗，还是回到内伊处保险点；又怕皇帝怪罪，就留下1个师的兵力支援右翼。结果等德隆回到四臂村后，天已经黑了，内伊早已鸣金收兵。总之德隆就这么糊里糊涂，两头折中且两边不靠。

就这样，在6月16日这个关键的下午，德隆军近2万人加上46门大炮在四臂村和林尼两个战场间来回奔波。其实不论这支队伍加入到哪个战场，都能产生决定性的影响。德隆就算走错了位置，只要参加了对普军的总攻，就有很大希望彻底击溃普鲁士军团，那么法军在滑铁卢的悲剧就不会上演了。

◉ 本篇主要人物生平

拿破仑 · 波拿巴（Napoleon Bonaparte）

拿破仑算是历史上最成功的集政治能力和军事能力于一身的国家统帅之一，由他一手创建的法兰西第一帝国以及贯穿于其统治时期的拿破仑战争深刻影响了整个欧洲乃至世界的历史进程，是任何世界历史课本都不能漏掉的一页。

拿破仑很牛，这是毋庸置疑的。拿破仑的失败固然有很多主客观因素，但最根本的原因还是在于法国天然的战略局限，就连拿破仑这样半人半神似的人物也无法突破。

战争的进程大体有两大类战略，一种是歼灭战略，重点在于通过决定性的会战消灭敌军有生力量，拿破仑可谓是实施这一战略的高手，也是很多军事爱好者喜闻乐见的模式。西方所谓三大战神——亚历山大、恺撒和拿破仑都是这一类型的主帅。短时间内智力的喷涌、武力的决斗、勇气的爆发，好不热闹。另一种则是消耗战略，这里没有大规模战役，只有封锁、偷袭、摧毁敌国农业和工商业基础等等不那么光彩照人的手段。可以说，善于搞消耗战略的统帅都是厚黑大家。

拿破仑在陆地战场上几乎百战百胜，之所以最后败下阵来，还是源于缺失制海权，同英国拼不过消耗。

在特拉法加海战失利后，拿破仑就放弃了制海权的争夺，这也意味着英国可以安全地待在不列颠岛上伺机而动，尽握主动。拿破仑的陆军无论有多强，打不着英国也是白搭。不得已拿破仑只好实施"大陆政策"，对英国封锁所有欧洲的港口，企图将英国排除在欧洲贸易之外。从此拿破仑被迫选择了他并不在行的"消耗战略"。

"大陆政策"属于杀敌一千，自损八百的战略，就看谁能够挺到最后不破产。若要完全实施"大陆政策"，则必须控制欧洲所有港口，只要有一个港口游离于拿破仑的控制之下，英国商品必然乘虚而入，导致走私横行。很快这个缺口就出现了——俄罗斯。无奈之下，拿破仑只好亲率 50 万大军进攻俄国，最终大败而回，成为法兰西第一帝国的转折点。

拿破仑在滑铁卢战场失败后，其实并非完全没有东山再起的机会，当时法国国内忠于拿破仑的力量还是很强大的。可能拿破仑自己也看透了，只要没有制海权，无论在陆地上赢多少次都不能获得战争的彻底胜利。制海权就是封锁，用自己较小的损耗把对手活活拖死。对于这种钝刀割肉似的战略，拿破仑也毫无破解之法。

拿破仑第二次退位后，被流放到离欧洲大陆更远的圣赫勒拿岛，并在那里度过了余生。1840 年法国人将这位法国英雄的棺木运回到巴黎，安葬在巴黎荣军院，世世代代受人瞻仰。

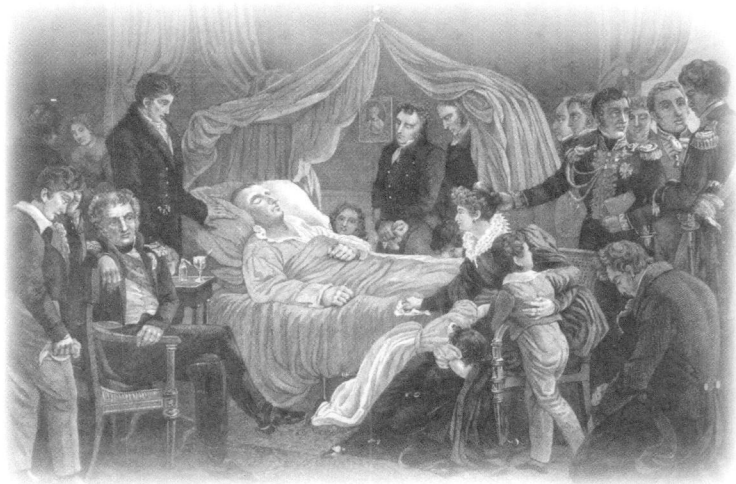

拿破仑临终。

威灵顿公爵（Duke of Wellington）

　　原名阿瑟·韦斯利，1769年生于爱尔兰首府都柏林的一个英格兰贵族家庭。由于生活在总是充满敌意的爱尔兰人中间，威灵顿形成了冷傲、孤僻、阴郁、漠视所谓下等人的个性。1781年他进入号称"英国首相大本营"的伊顿公学学习。不过他在这所贵族学校里成绩平平，加之家庭拮据，4年后就退学了。

　　18岁那年阿瑟从军，任第73高地步兵团掌旗官，主要原因是其母认为阿瑟"除了当兵吃粮，干不了别的事"。就这么打牌玩乐混了几年后，1793年阿瑟爱上了一个贵族女子并企图求婚。不出所料，这个空有贵族头衔的穷小子被严词拒绝了。大概是自尊心受到刺激，阿瑟突然积极进取，花钱买了一个少校来当，还烧毁了心爱的提琴，开始一心一意在战场上博取功名了。从此英国少了一个蹩脚的音乐家，多了一个影响世界的军事家、外交家和政治家。

　　1796年，通过继续"捐钱"和"熬资历"，阿瑟升任上校，被派往印度服役，同时他的哥哥理查德也被任命为印度总督。在印度服役期间，阿瑟经历了2次同印度当地王朝的战争。在那里他积累了一个成功统帅所必须具备的韧性、决断和丰富的军事经验。

1805 年 6 月，威灵顿在从印度返回英国的途中，登上了南大西洋上的一个小岛——圣赫勒拿岛。这个后世闻名世界的岛屿虽然风景美丽、气候宜人，但孤悬海外，处于文明世界的边缘，还只是日不落帝国默默无闻的边陲而已。威灵顿在岛上修养了 3 周，住在一个叫石楠树的地方。10 年之后，同一个地方迎来了一个新主人——拿破仑一世。这两个互为瑜亮的豪杰在滑铁卢战役之前从未有过交集，想不到将拿破仑彻底打倒的威灵顿冥冥之中早就为法国皇帝提前考察了监禁其一生的场所。1805 年也正是拿破仑最意气风发的时候，他的大军团正集中在布伦，准备随时渡过英吉利海峡入侵英国本土；法国海军则在全世界布下罗网，企图消灭英国皇家海军。也正是在这一年，另一个拯救英国的统帅纳尔逊勋爵在特拉法加海战中歼灭法军，终结了拿破仑征服英国的美梦。

1806 年，阿瑟凭借在印度取得的地位和搜刮到的金钱终于打动了 13 年前曾经追求过的女子和她的家族，抱得美人归。可惜阿瑟的婚姻并不幸福，这一点倒是和纳尔逊一样。不过纳尔逊敢爱敢恨，不受世俗的束缚，因此纳尔逊反而比威灵顿更受英国人欢迎。

1808 至 1813 年，阿瑟来到西班牙加入了半岛战争，以对抗拿破仑对西班牙和葡萄牙的侵略。在兵力和兵员质量都逊于法军的情况下，阿瑟接连战胜了 6 位法国元帅，战绩赫赫。半岛战争后阿瑟晋升为英国元帅，亦封为世袭威灵顿公爵，可谓位极人臣。从这时开始，阿瑟这个名字也不能轻易叫了，俨然已成为正文中的威灵顿。

有人说威灵顿是个二流将军，确实有点冤枉他了。在西班牙的半岛战争中，威灵顿对付法军还是很有一手的。可是当他面对拿破仑时，说他二流倒也贴切。会战还没开始，威灵顿就手忙脚乱，处处被动。当法军已经开始全面出动时，威灵顿在干什么呢？6 月 13 日，威灵顿根据 10 日发自巴黎的情报，以为拿破仑还在法国，因此全天陪同一位贵族夫人玩耍。6 月 14 日，威灵顿就收到普鲁士前哨阵地同法军激战的报告，但他还是担心这是拿破仑的虚晃一枪，仍然将大部队布置在更远离布吕歇尔的蒙斯一线，没有及时向普鲁士军队靠拢。6 月 15 日，威灵顿更是率领全体高级军官大摇大摆地参加里士满公爵夫人的豪华舞会，一直玩乐到深夜 2 点。此时累得半死的拿破仑正在向内伊训话，而威灵顿也累得半死——玩累的。当威灵顿接到确切情报，表明蒙斯地区没有法军出现，其主力全部在沙勒罗瓦时，他才不由自主地说："上帝作证，拿破仑已经将我欺骗了。"虽然威灵顿笑到了最后，不过如果他提前正确判断，那么他从滑铁卢获得的声誉要更实在些。

滑铁卢战役后，威灵顿的声望如日中天，几乎和各大国君王平起平坐。1827 年威灵顿成为不列颠陆军总司令并长期担任，1828 年当选英国首相，1834 年成为看守内阁首相。威灵顿于 1852 年去世，逝世后享受了英国国葬的待遇。

尼古拉·苏尔特（Nicolas Soult）

1769 年，苏尔特出生在法国南部的一个小城——圣·阿曼斯·德·贝斯蒂德（Saint Arnans la Bastide），1851 年这里改名为圣·阿曼斯·苏尔特，

以纪念这个法国历史上仅有的 4 个大元帅（按授衔时间顺序，4 个大元帅分别是蒂雷纳子爵、维拉尔公爵、萨克斯伯爵、苏尔特公爵）之一。

苏尔特家境很一般，父亲去世后，16 岁就参军谋生计。1793 年在法国大革命的风暴中，苏尔特第一次参加了实战，并表现卓越，次年被提升为准将，年仅 25 岁。那真是一个朝气蓬勃的时代，一切全凭个人能力和勇气，若在旧王朝，像苏尔特这样既无贵族背景又无军旅资历的小子当将军是不可想象的。

然后苏尔特在一连串的军事斗争中战功卓著，步步高升，1802 年担任执政卫队四上将之一，为拿破仑训练管理近卫军；1803 年担任布伦大营的司令官，这是拿破仑为训练一支崭新军队以应对全面战争所设立的大本营。这表明拿破仑十分器重苏尔特的才干，将其纳入帝国军事核心圈。1804 年，苏尔特晋升首批法兰西帝国元帅。多大年纪呢？35 岁！

苏尔特军事生涯的顶点是在奥斯特利茨。他率领的第四军经过一番令人眼花缭乱的运动，一举切入反法联军的心脏地带，将联军中央阵地搅得天翻地覆。奥斯特利茨战役是历史上的经典会战之一，号称"三皇会战"（拿破仑、俄国沙皇和奥地利皇帝同时现身战场），不仅军事意义重大，战略意义更加重要。苏尔特就凭此一役的出色表现也足以立足于军史名将之林。

在奥斯特利茨战役之前，还发生了一件颇有戏剧性的事。法军追击俄奥联军直到维也纳城外的一座桥边。苏尔特、缪拉和拉纳三位元帅亲自走到桥头同守桥的奥地利军谈判，谎称法奥已经停战了。奥军不知有诈，结果被埋伏在桥头的法军一拥而上占领了大桥。

1808 年 6 月，苏尔特被册封为达尔马提亚公爵。不过他希望获得的头衔其实是"奥斯特利茨公爵"，因为苏尔特认为他才是奥斯特利茨战役获胜的关键。但是拿破仑显然有不同意见，"奥斯特利茨公爵"是留给皇帝自己的。元帅和皇帝彼此抢功，也算是历史一大趣闻了。

此后，苏尔特转战西班牙、葡萄牙、德国等地，有胜有负。1809 年苏尔特被威灵顿指挥的英葡联军击败，在逃跑过程中遇见了内伊。内伊却嘲笑他带着的是一群拿枪的乌合之众。苏尔特当即拔剑就要同内伊决斗。两个同一帐下的元帅在战场上窝里斗，那还了得。两人的下属好说歹说才平息纷争。但从此二人的梁子算是解不开了。因此笔者推测，拿破仑之所以让苏尔特担任参谋长而非侧翼指挥官，可能就是怕他和内伊不能配合。把苏尔特留在身边，拿破仑还是能够控制的。可惜苏尔特确实没有参谋长的资质，在滑铁卢战役中表现难尽人意。

苏尔特也是同威灵顿直接对抗过的法军将领，曾吃过大亏，所以他几次三番提醒拿破仑小心谨慎，不要过于乐观。可惜拿破仑自信心爆棚，没能听取苏尔特的意见，实在非常可惜。

1815 年拿破仑重返法国时，苏尔特时任波旁王朝陆军大臣，在鼓动士兵捉拿拿破仑时发表演讲说："士兵们！那个叫波拿巴的人，那个最近在全欧洲面前，放弃了他篡夺的权力，并曾经把这个权力滥用于毁灭的人，现在又一次踏上了法国的土地。这片他永远不该再见到的土地。" 2 个月后，作为北方军团参谋长，苏尔特的演讲变成了"上百次的光辉胜利，任何不利和暂时性挫折也无法掩盖的胜利，应该足以给他们敲响警钟，那就是一个自由的国家，在一个勇敢的人（拿破仑）的领导下，是所向无敌的。"

"百日王朝"失败后，苏尔特被流放到了塞尔多夫，1819 年回国，1820年恢复元帅军衔，后又历任陆军部部长、外交部部长、内阁总理，1851 年病逝。

客观地说，苏尔特对拿破仑还是忠心的，也是一个称职的将军。他更适合独当一面，冲锋陷阵，而不是在大本营出谋划策、撰写文案。滑铁卢的失败不能归咎于苏尔特，而是拿破仑未能人尽其才罢了。

米歇尔·内伊（Michel Ney）

　　1769 年出生的内伊与拿破仑和苏尔特同龄。内伊的故乡萨尔路易当时是法国的一个边境要塞，不过现在已经是德国的领土了。德法边境在第二次世界大战爆发之前一直都是两国最敏感的问题。萨尔路易自然也成为两国争端聚集之处，战斗频发，一会儿被这个打，一会儿被那个打，因此城镇有着浓厚的尚武精神。

　　内伊的父亲算是有一门手艺的小生意人，家庭开支还过得去，社会地位却不甚高。内伊本来计划当一名政府或公司的职员，也许是骨子里天生的军人气质催动着他，他于 1787 年加入法国骑兵。内伊的骑术和格斗技巧相当高明，很快就成为骑兵团最好的战士。1791 年内伊得到了第一次升迁——下士。据说内伊当时的宏伟梦想就是能以中尉退役。这对一个毫无背景的小市民而言，也算是踏入上流社会的门槛了。

　　法国大革命改变了整个世界的面貌，也改变了无数人的命运。内伊在战争中勇猛非凡，屡立战功，地位也不断高升：1799 年获少将军衔，1802 年任法国骑兵总督察长，1804 年封帝国元帅称号。拿破仑的名言"每个士兵的背包里都有一个元帅权杖"确实不是虚言。

内伊跟随拿破仑南征北战，为皇帝立下了汗马功劳，吃了很多苦，受过很重的伤，也有不少败绩。内伊作战非常——甚至是过于——勇猛，作为高级将领却往往冲锋在第一线，直接面对敌人的子弹和炮弹。光是内伊自己的战马就死了十来匹。

1812 年拿破仑在俄罗斯惨遭失败。内伊和另一位乌迪诺元帅在别列津纳河之战中拼死保卫后撤桥梁，阻击俄军的追击。拿破仑逃到安全地带没见到内伊，还以为他已经牺牲了。据称内伊是最后一个离开俄国的法国人。为表彰内伊的功绩，拿破仑在次年授予他莫斯科瓦亲王的头衔。

1814 年在拿破仑大势已去的情况下，内伊作为高级将领的代表向拿破仑逼宫，要求其退位。内伊就是一介武夫，很可能被人当枪使。路易十八当政期间，他也混得很不如意，同老旧的宫廷格格不入。因此一旦拿破仑重掌政权，内伊就回到其麾下，在那里他才能感觉到平民元帅的自在。

1815 年在整个比利时作战期间，内伊在四臂村和滑铁卢犯了很多致命的错误。该主动进攻时过于谨慎，该精心组织的时候却又鲁莽指挥，该冷静镇定的时候野蛮硬冲，是导致拿破仑失败的直接原因之一。但是内伊勇敢战斗、身先士卒的精神也激励着法军士兵。不管怎样，这就是内伊的性格。命运将一个不适合他的职务摊派给他，这既是他的悲剧，也是拿破仑的悲剧。

滑铁卢失败后，内伊退役，随后被波旁王朝逮捕，并以叛国罪为由枪杀。他拒绝戴上眼罩，并获准自己下令开火。死的时候慷慨激昂，真是条好汉。

格布哈德·列博莱希特·冯·布吕歇尔
（Gebhard Leberecht von Blücher）

布吕歇尔在 1742 年生于德国罗斯托克，1756 年瞒着家人投奔瑞典军队，并在"七年战争"中以轻骑兵身份同普鲁士作战。或许中国读者不容易理解：为什么一个曾经是普鲁士敌人的骑兵后来能够成为普鲁士元帅？这是因为欧洲封建已久，尚未形成现代国家的意识，战争的本质还是王朝战争。士兵受不同国家雇佣，并没有忠奸之别。

1760 年布吕歇尔被普鲁士军俘虏，恰巧这支普军的长官是他的亲戚。于是布吕歇尔就顺理成章地投奔到普鲁士军队，并于 1771 年升任为上尉。此时他未来的死敌拿破仑和盟友威灵顿都还是流鼻涕、啃指甲的小屁孩儿呢！

1773 年由于晋职受挫，布吕歇尔一气之下提出辞呈。结果当时的普鲁士国王腓特烈大帝倒也干脆，一句"冯·布吕歇尔上尉可以滚蛋了"就顺势把他清理。其实国王早就看他不顺眼了。腓特烈是个政治、军事天才，同时也是文艺青年，尤其是音乐素养极佳，吹得一手好笛子。布吕歇尔则恰恰相反，虽然作战十分勇敢，但个人生活一塌糊涂，吃喝玩乐，嫖娼赌博，鄙俗不堪，到晚年时甚至还胡言乱语道："我怀孕了，是大象哦。"成为一时笑谈。鲁莽辞职后，布吕歇尔非常后悔，多次请求国王原谅，无奈腓特烈大帝绝不会容忍这个泼皮还在眼前晃悠。

直到 1787 年老国王去世后，布吕歇尔才得以重回军队。新国王倒也实际，只要能替他打仗就行，什么小清新那一套就无所谓了。1794 年布吕歇尔同法军交战时获胜，还缴获了 6 门大炮，并凭此战功荣升少将。那时正是法国大革命最混乱的时期，布吕歇尔的战法在旧时代还是很有效的。不过当拿破仑执政后，法军无论从军制还是战略战术上都发生了划时代的革新，从此布吕歇尔这个老古董就再也占不到便宜了。

在反法战争期间，布吕歇尔就是从一个失败走向另一个失败的典型，1806 年时还被法军围困，不得不率部投降。但由于他作战勇敢，也颇有节气，法国人倒没有为难他，在关押期间给予他相当大的自由。1807 年布吕歇尔因战俘交换获释。

回到普鲁士后，布吕歇尔又成了不受欢迎的人物。一来当时普鲁士已经和法国签署了和平协议，布吕歇尔却一门心思要反攻倒算；二来他积极筹划对普鲁士军进行军事改革，触动了很多人的利益。结果布吕歇尔再次被踢出军队，只好回家养老。

1813 年拿破仑入侵俄罗斯大败而回，欧洲反法势力重新结盟，普鲁士也作为主要国家向法国宣战。普鲁士被拿破仑打怕了，全国找来找去竟然没有合适的将军统率全军。于是 71 岁高龄的布吕歇尔只好再度出山。

年龄虽老，布吕歇尔勇猛突进的劲头可一点儿也没削弱。在吕岑战役和包岑战役中，布吕歇尔同法军大打消耗战，不顾伤亡同拿破仑硬拼，得到了"前进将军"的雅号，还因此获得了元帅头衔。1814 年反法联军占领了巴黎，这也是近现代史上普鲁士的军靴第一次踏上巴黎的街道。从此普（德）法两国算是结下了不共戴天的仇恨，一直互咬到 1945 年。

赶跑了拿破仑，欧洲的王公贵族们都松了口气，布吕歇尔也回到封地享清福去了。哪知仅仅隔了 1 年，拿破仑居然又杀了回来。布吕歇尔老当益壮，再次率军上阵，部署在比利时境内。接着就发生了正文中所描写的故事。

比起军事天才拿破仑，布吕歇尔就像一头没有智慧的蛮牛，除了骁勇进取、屡屡进攻外，就没有什么战略战术可言，但正是这一味死缠烂打的精神最终击败了拿破仑。林尼之战期间，布吕歇尔坠马受伤，普军全线溃退，一般将军的选择也就是撤回基地保存实力。但他稍稍恢复后不仅不退，反而收集残兵，并在千钧一发之际赶到滑铁卢战场，配合威灵顿赢得战役胜利。所以直到现在，德国人还很不服气威灵顿获得了滑铁卢战役胜利者的荣誉，布吕歇尔的援军才是胜利关键嘛！

布吕歇尔一直活到 76 岁，于 1819 年去世。

布吕歇尔自己虽不才，却慧眼识珠，先后重用了两个最优秀的参谋长——沙恩霍斯特和格奈泽瑙。这两个人即是日后大名鼎鼎的德军总参谋部的奠基人。作为个人，布吕歇尔并不招人喜欢，但作为将军，却深得以武士精神为荣的普鲁士军人和后来的德国军人所敬仰。

埃曼努尔·格鲁希（Emmanuel, marquis de Grouchy）

与那些出身下等或中产阶层的同伴不同，格鲁希是纯正的贵族子弟。1766年格鲁希生于巴黎，家族具有诺曼血统，其父是世袭侯爵，甚至还有流言说老侯爵是路易十五的私生子；他还有一个妹妹苏菲，是历史上著名的女权主义者。

1779年格鲁希进入法国炮兵学院学习，1782年转入骑兵部队。在工业化战争到来后，炮兵可谓是"战争之神"，不过当时炮兵并不受人重视。整天拖着一个大铁疙瘩跑来跑去，放炮后满脸烟熏，炮兵一点儿也不潇洒。因此大家都希望加入骑兵，穿着漂亮的制服，骑在高头大马上耀武扬威。

虽然来自贵族之家，格鲁希却支持革命党的理念。但是在那个混乱的年代，证明立场的身份牌不是思想而是血统，他因此被赶出了军队。1792年革命军队扩招，格鲁希又以骑兵上校的身份加入了内战，并在1793年平息旺代省保王党叛乱的作战中表现不俗。革命的"左倾"主义总是会误伤同志，很快格鲁希再次因为其贵族背景而被剥夺了指挥权。虽然很倒霉，不过在1793-1794年的雅各宾派恐怖专政期间，格鲁希居然没被送上断头台，算是很幸运了。可能革命政府觉得具备专业军事素养的人才还是要留几个吧。

1795 年格鲁希被重新启用，在爱尔兰和意大利作战。1799 年法军在诺维之战中失败，负责掩护撤退的格鲁希全身上下负伤 14 处后被俘。当然他很快就获释了——在那个年代，战场上还是很讲究骑士风度的。1801 年格鲁希开始在拿破仑麾下服役，先后在奥地利、普鲁士、波兰、西班牙、俄罗斯等地作战。在波旁王朝复辟期间，格鲁希短暂担任了法军骑兵总监。当拿破仑从厄尔巴岛返回法国后，格鲁希是首批回到拿破仑身边的高级军官。1815 年 4 月格鲁希得到了元帅权杖。他是拿破仑在执政期间授予的最后一个帝国元帅。

拿破仑二次退位后，为了避免迫害，格鲁希明智地逃到美国避难，直到 1821 年他被法国政府特赦才得以回到祖国。1830 年法国国王路易·菲利普恢复了格鲁希的元帅头衔。

格鲁希一直生活在波旁王朝和拿破仑支持者的夹缝中。双方都认为他是叛徒。应该说格鲁希是具有共和思想的，背叛自己的阶级倒是不假，可说他背叛拿破仑就不甚公平。他虽然没有像达武元帅那样一直为拿破仑守忠到死，但也从未做过对不起拿破仑的事情，这比很多其他受过拿破仑恩惠的高官好得多。

格鲁希最受世人诟病的还是他在滑铁卢战役中没有及时支援拿破仑的糊涂，这也是导致拿破仑失败的最直接因素之一。一般看来，当时的情形是很容易做出正确决策的。也难怪有人怀疑格鲁希被敌人收买了呢！在轰轰烈烈的拿破仑战争期间，格鲁希无论在军事能力上还是个人魅力上，都是很平庸的角色。之所以受封元帅，还是拿破仑实在无人可用。历史给了他机会，使之处于决定历史走向的关键时刻。如果格鲁希抓住这个机会，他将在历史书中被大书特书，而非作为反面教材为后人长吁短叹。

格鲁希的晋升倒是契合管理学上的"彼得原理"。他其实非常适合担任骑兵师长或军长，执行战术任务，但是在单独指挥大兵团作战时，则缺乏独立思考能力和魄力。其实归根到底这也是拿破仑惯出来的。除了达武之外，其他元帅基本上没有太大的自由发挥的余地。皇帝怎么指挥就怎么打，而且往往还能打赢，这样元帅们无形中也丧失了独立精神。

1847 年，格鲁希病逝于巴黎。

艾蒂安·莫里斯·格拉尔（Étienne Maurice Gérard）

　　格拉尔在 1773 年出生于洛林，是一个法官的儿子。1791 年他自愿加入革命军，参加了法国大革命内战。格拉尔长期担任贝尔纳多特的副官，参加了很多重要的战役。这个贝尔纳多特是一个很有手段的人，也是拿破仑册封的帝国元帅，后来还通过运作当上了瑞典国王，甚至还娶到了拿破仑的未婚妻，算是拿破仑的 26 个元帅中混得最好的一个。

　　1810 年，格拉尔没有跟随贝尔纳多特去瑞典，而是继续留在法军效力。同其他第一帝国的将军们一样，他参加了无休无止的战争，屡有战功也曾多次受伤。

　　在拿破仑短暂的"百日王朝"期间，格拉尔奉命指挥北方军团的第四军。大军出征前，格拉尔向拿破仑推荐一个叫包尔蒙的旧贵族担任他的师长。拿破仑开始很不以为然，但是格拉尔拍着脑袋为包尔蒙作保，拿破仑才勉强同意。果然不出皇帝所料，敌我双方刚一接触，包尔蒙就投向普鲁士军去了，还顺便带去了法军的行动计划。对此拿破仑大为恼火，格拉尔当然也很沮丧。不管怎样，格拉尔识人虽有问题，可他对皇帝的忠心确实没有掺假。

林尼之战胜利后，拿破仑将第四军划拨给格鲁希元帅指挥，其任务是追击败退的普鲁士军。在滑铁卢战役开始后，格拉尔提议全军立即向炮声方向转进以支援皇帝。可惜这个足以改变历史的建议被格鲁希否决了。结果在这关键的一天，格拉尔不得不在距离滑铁卢仅3个小时路程的瓦弗尔同非主力的普军作战。也许是义愤难耐或者有气发不出，格拉尔在战斗中异常勇敢，结果胸部中弹，这是他第五次受伤。1958年人们还在瓦弗尔为他树立了一座纪念碑。

拿破仑倒台后，格拉尔躲到了布鲁塞尔避难，直到1817年才回到法国。当大时代的传奇人物们纷纷退出历史舞台后，像格拉尔这样的二线人物就开始走向前台。1822年他当选众议院议员，1827年连任。格拉尔参与了1830年的法国"七月革命"，并担任新政府的战争部长一职，同时还晋升为元帅。果然是一朝天子一朝臣啊！

比利时受"七月革命"的影响，同年也爆发了反抗荷兰统治的革命。格拉尔于1831年率领北方军团成功地将荷兰军队逐出比利时。此时比利时才取得完全独立和永久中立的地位。荷兰当然很不服气，因此格拉尔率部在1832年围困安特卫普，一个月后这个城市就投降了。

此后格拉尔在政界、军界混得风生水起，在"七月王朝"担任过首相，荣获了法国荣誉军团勋章，甚至还是法兰西第二帝国的参议员。

格拉尔于1852年去世。

◉ 本篇参考资料

【1】拿破仑·波拿巴. 拿破仑日记 [M]. 伍光建，译. 时代文艺出版社，2013

【2】拿破仑·波拿巴. 拿破仑书信文件集 [M]. 陈崇武，译. 上海人民出版社，1986

【3】埃米尔·路德维希. 拿破仑传 [M]. 梁锡江，译. 时代文艺出版社，2013.

【4】王朝田，梁湖南. 从土伦到滑铁卢——拿破仑战争述评 [M]. 解放军出版社，1985

【5】J·F·C·富勒. 西洋世界军事史 [M]. 钮先钟，译. 广西师范大学出版社，2012

【6】罗伯特·布鲁斯，等. 图解世界战争战法：拿破仑时代（1792 年—1815 年）[M]. 崔建树，魏丽，译. 宁夏人民出版社，2008

【7】马绍尔·科沃. 拿破仑：天才的指挥官 [M]. 彭志军，译. 广西人民出版社，2010

【8】约翰·霍兰·罗斯. 拿破仑一世传 [M]. 广东外语学院，译. 商务印书馆，1977

【9】叶·维·塔尔列. 拿破仑传 [M]. 任田升，陈国，译. 商务印书馆，1976

【10】让·蒂拉尔. 拿破仑时代法国人的生活 [M]. 房一丁，译. 上海人民出版社，2007

【11】菲利普·圭达拉. 威灵顿 [M]. 李力谦，译. 军事科学出版社，2006

预 告
NEXT VOLUME

▶ **攻克柏林 @ 尤里·科诺罗佐夫**

我只记得刺眼的白雪、漫天的黄沙、灰色的废墟；我的鼻子里永远残留着呛人的硝烟和令人作呕的腐尸气味。我一路从莫斯科的红场走来，经历了太多战友的死亡之后，终于将皮靴踏在了纳粹德国的心脏之上。

▶ **第一次世界大战 @ 保罗·冯·兴登堡**

我——兴登堡元帅，德军的总参谋长，已经间接杀害了一千万名双方士兵和更多的平民百姓，再多加几个叛乱分子的尸体，我的眼睛眨也不会眨一下。

▶ **克里米亚战争 @ 威廉·霍华德·拉塞尔**

我怎能忘记那些惊心动魄的日子呢？那奔腾的马蹄声，那炮火的轰鸣，那血腥残酷的厮杀，还有那位美丽的"提灯女神"……我是伦敦《泰晤士报》的新闻记者，我叫拉塞尔，受命全程报道这场战事。

关注创作团队